60歳を過ぎたらやめるが勝ち

年をとるほどに幸せになる「しなくていい」暮らし

精神科医
和田秀樹

主婦と生活社

はじめに

これからは、「何をするか」よりも、まず、「何をしなくていいのか」を考えましょう

そろそろ人生の折り返し地点（ご自分で「折り返し」と思うなら、50歳でも80歳でも結構です）を迎えようというあなたへ。これからの人生、何をすべきかに目を向ける前に、「何をやめてもいいのか」を考えてみませんか？

今の時代、寿命は延び、定年も65歳や70歳に引き上げられています。それでも、60歳という年齢は特別な節目。多くの人が「還暦を迎えたら何か新しいことを始めよう」と夢を抱くものです。

たとえば、長年務めた会社を辞めて趣味に没頭する、海外移住、ひとり暮らしのス

タート、あるいはもう一度大学に通い直すなど、考えることは人それぞれでしょう。

もちろん、それも素晴らしいことです。でも、ここで一度立ち止まってみてください。これからの人生で「もうやめてもいいこと」「手放してもいいこと」は何でしょう?

若者の間では、必要最低限のもので暮らす「ミニマリズム」が人気ですが、実はその本当の価値は、あなたのように人生の荷物をたくさん背負ってきた世代にこそあるのかもしれません。

だからこそ、私はこの本を通じて「荷物を少しずつ下ろし、もっと身軽に生きる方法」を提案したいのです。

この本は、人生の後半戦をより自由に、そして穏やかに過ごすために60歳を過ぎたら「やらなくてもいい」「手放したほうがいい」「あきらめてもいい」さまざまなことを提案しています。ざっくりとですが、概要をお話ししましょう。気になるところがあれば、どこから読んでいただいてもかまいません。

まず序章では、認知症予防や健康のために、一般的には「しなければならない」とされること、例えば「脳トレ」や「カロリー制限」などのうち、**「60歳を過ぎたら〝しなくていい〟7つのこと」**を紹介します。そして第1章は**『「感情に振りまわされる」のをやめる』**。マイナス感情に支配されずに自分らしく生きる方法を探ります。感情は成長の糧《かて》にもなりますが、振りまわされてしまうと大きなストレスになりがちです。そこで、自分を感情から解放するためのヒントを提供します。

次に第2章**『「不安」を手放す』**では、なぜ私たちが不安を感じるのか、その根本原因を探ります。不安の大半は、実は「知らないこと」や「コントロールできないこと」に起因するものです。だからこそ、取り越し苦労だと割り切り、不安を手放すことで、もっと軽やかに生きるための具体的な方法を提案しています。「完璧でなくても大丈夫」だと気づくだけで、不安がぐっと減ることもあります。

第3章は嫌な気分を**『「引きずる」のをやめる』**ことについて。失敗や過去の後悔にとらわれず、心の中で「それはもう終わったことだ」と手放すことが、どれほど心を軽くするかを伝えます。次の第4章**『「一喜一憂する」から解放される』**では、目の前のことに囚われ過ぎず、安定した気持ちで日々を過ごす方法を紹介します。もっと大きな視点で人生を楽しむためのアプローチです。

そして第5章は、**『「いい人」をやめる』**。他人にいい顔をし続けるのは疲れるものです。長年「いい人」であり続け、疲れているあなたに、自分の本音を大事にすることの大切さをお伝えします。「いい人」であることのメリットもありますが、自分を犠牲にしてまで周囲に合わせる必要はないというメッセージです。

終章は**『「楽に、雑に生きる」をはじめてみる』**。ここだけは「やらなくてもいいこと」「やめてもいいこと」ではなく、不器用で要領よく生きられないあなたのために、無理をせず、もっと自分に優しく生きるために「はじめるべきこと」を提案します。

「楽に生きる」「雑に生きる」というのは、ただ怠けることとは違います。あなたのこれからの人生を、もっと豊かに、もっと自由にしてくれる力があります。この終章には、「これまで頑張ってきた自分をもっと大切にしよう」と思えるような前向きなエネルギーを込めました。肩の荷を下ろし、楽な心で生きることができれば、日々の不安や悩みも少しずつ消えていき、あなたは本来の自分を取り戻せるはずです。

どうか本書を通じて、みなさんの心と体がもっともっと軽くなり、毎日気楽に過ごせますように。不安やストレスに縛られることなく、より穏やかで幸せな老後を迎えるための道しるべとなることを願っています。

和田秀樹

2024年 11月

序章

60歳を過ぎたら〝しなくていい〟7つのこと 13

第3章 「引きずる」のをやめる

第4章 「一喜一憂する」から解放される

第5章 「いい人」をやめる

終章

「楽に、雑に生きる」をはじめてみる

189

序章

60歳を過ぎたら“しなくていい”7つのこと

1

病気予防のための食事制限

あまりにも日常的になりすぎて、〝ブーム〟と呼ぶのもはばかられますが、TVや雑誌、書籍などは、相変わらずさまざまなダイエット法があふれ返っています。そして、そのほとんどは、医学的、科学的データに基づいたものではありません。こうした出版や放送のあり方について、私は大きな疑問を感じています。

なかでも、ダイエットしたい方に人気の「**糖質制限**」ですが、糖分を我慢すると脳に十分なブドウ糖が行き渡らず、脳の機能が衰えます。極端に言ってしまうとバカになります。メディアがダイエットをすすめるのは、愚民化政策の一環ではないかと陰謀論めいたことまで感じています。

40歳以上になると、特定健康診査、いわゆる「メタボ健診」が実施されます。糖尿病や高血圧、脂質異常症などの生活習慣病を早期に見つけ、異常がある人には保健師や管理栄養士などによる保健指導を行い、これによって生活習慣病を改善し、ひいては心筋梗塞や脳卒中などを予防することが狙いと言われています。

しかし、現実には、さまざまな研究で「**小太りの人のほうがやせ型の人よりも長生**

きする」という結果が出ています。
アメリカなどでは、歩けなくなるほど太ってしまい、食事での栄養摂取を制限する手術を行うような人もいるようですが、日本ではそんな人はまずいません。それなのにわざわざ国が先導してまでやせさせることの必要性はまったく感じられません。

意識的に抗酸化物質が豊富な食品を摂る

フランスのアンチエイジング医学の権威クロード・ショーシャ博士は、老化を遠ざけて若返るためには「身体の酸化」を避けなければならないと言います。

「身体の酸化」とは細胞の炎症、つまり細胞を包む細胞膜に傷のできた状態のことで、がんの原因になることさえあります。

年齢を重ねると、程度の差こそあれ、細胞の炎症は必ず起こるものですが、ショーシャ博士は「細胞の炎症を極力抑えることで、50歳の見た目のまま120歳まで生きることも可能」と言います。炎症を最小限に抑えるためには、細胞が必要とする栄養素をきちんと送り届けて、炎症が起きても速やかに修復できるようにしなければなりません。そのためには**意識して抗酸化物質の豊富な食品を摂ることが大切**です。

抗酸化物質の代表はβカロテン（ビタミンA）、ビタミンC、ビタミンEなどのビタミン類と、亜鉛やセレンなどのミネラルです。

ビタミンAはニンジン、ブロッコリー、ほうれん草など色の濃い野菜に多く含まれ、玄米や大麦などに含まれるビタミンEや、肉類や卵に含まれるセレンと一緒に摂ることで細胞膜を炎症から守る働きをします。野菜や果物に含まれるビタミンCは免疫系を活性化し、牡蠣や豚レバー、小麦胚芽などに含まれる亜鉛は、活性酸素除去酵素などさまざまな体内酵素を作るのに関わっています。他にはトマトに含まれるリコピンや、赤ワインやチョコレートに含まれるポリフェノールなども抗酸化物質です。

これらを参考にしつつ、**要は好きなものを食べてください、ということ**です。食事の快感が免疫力のアップにつながり、ひいては認知症にもがんにもなりにくくなるのです。

2

認知症予防のための脳トレ

昔から「頭を使っている人はボケにくい」と言われていますが、これは一面の真実といっていいでしょう。

脳の委縮が同程度に進んでいる認知症患者の比較でも、とくに何もしていない人に比べて、日ごろから頭を使う環境にいた人は、知能テストでも脳の実用機能でも点数が高くなるケースが多いようです。

ただし、頭を使うといっても、いわゆる「脳トレ」はほとんど効果がありません。

たとえば、数独ばかりをずっとやっていれば、認知症の初期ぐらいなら点数は伸びます。しかし、だからといって脳全体の機能が活発化しているわけではなく、単に数独ができるだけのこと。他のテストの成績がよくなることはありません。

このことはいろいろな実験で明らかにされていて、**脳トレといわれるものは数独でも百マス計算でも、認知症予防という観点からはほとんど無意味**です。

国際的な科学雑誌『ネイチャー』やアメリカの医学雑誌『ＪＡＭＡ』でも、いわゆる脳トレの効果にまつわる大規模調査の結果が発表されています。そのうちのひとつ、アラバマ大学のカーリーン・ボール博士による2832人の高齢者に対する研究では「言語を記憶する」「問題解決能力を上げる」「問題処理能力を上げる」などのトレーニングをした場合、練習した課題のテストの点だけは上がるのですが、他の認知機能は上がらないことがわかっています。

与えられた課題を繰り返し行えば、そのことはできるようになっても、脳全体の活性化にはつながらないのです。

他人との会話が最も効果が高い

では、どのように「頭を使う」といいのでしょうか。

私の経験上、最も効果が高いと思われるのは、他人との会話です。他人としゃべるときには強制的に頭を働かせる必要があります。自分が話したことに対して相手からの反応が返ってくるというやりとりで「頭を使う」ことが有効なトレーニング法となるのです。

ふだんから頭を使っているつもりの人でも、認知症と強い関連のある前頭葉は案外と使っていないもの。読書は言語を司る側頭葉を使うだけですし、計算やある程度難しい数学の問題を解くときも頭頂葉しか使っていません。

かつて前頭葉を切り取ることである種の精神病を治療することを目的とした「ロボトミー手術」というものがありました。さまざまな問題が起きたため、今日では行われなくなりましたが、この手術の後でも知能指数はまったく落ちなかったといいます。つまり、前頭葉は一般的な知的活動には使われていないのです。

前頭葉が使われるのは、何かを創造したり新規なものに対応したりするときで、**前頭葉が老化すると、決まった行動を好むようになります。**行きつけの店にしか行かなくなったり、同じ著者の本ばかり読むようになったりするのが一つのサインです。

逆に言えば、**新しい店に出かけたり、読んだことのない作家の小説を読んだり、可能ならば俳句を詠んだり小説を書いたりしてみると前頭葉が鍛えられます。**

日本では大学でもあまり前頭葉を使う教育をせず、仕事でも自分で考えたことをやるのではなく「言われたことができればいい」という風潮が強いため、前頭葉を使うことが苦手な人も多いのですが、まだまだ続く長い人生のためにもぜひチャレンジしてください。

また最近の研究では、**きちんとした対処をすれば認知症の進行を止めるだけでなく、知能が回復する可能性**も指摘されています。

3

健康を優先させた食事

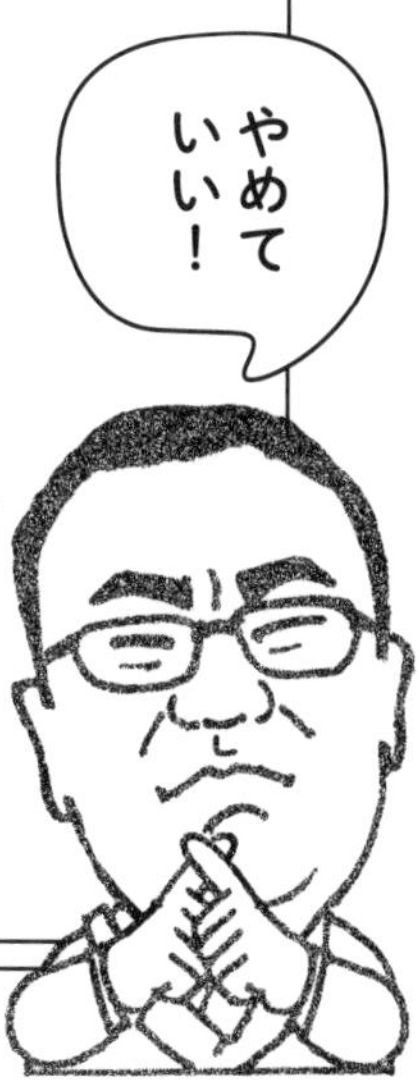

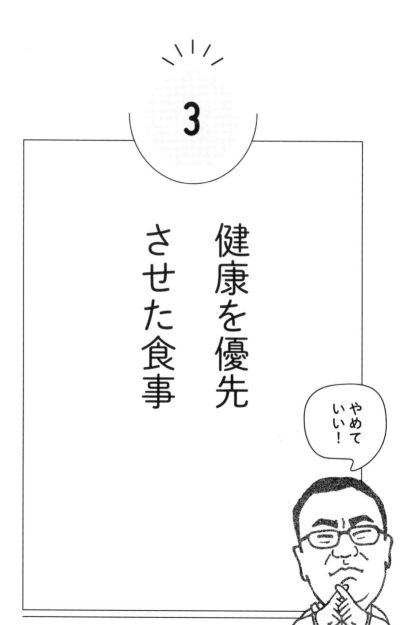

現在、日本国内における死因はがんが最も多く、厚生労働省による2022年の統計では38万5797人ががんで亡くなっています。

がんがなぜ発症するかについては諸説ありますが、いずれにしても毎日体内で発生する、がんになるかもしれないできそこないの細胞を撃退するうえで、免疫の力は欠かせません。ストレスのある生活を続けていれば、免疫力は間違いなく低下して、健診の数字がすべて正常でも、急にがんになってしまう可能性は決してなくなりません。

では、免疫力をアップさせるためにはどうしたらいいのでしょうか。

効果的なのは「しなくていいこと1」でも書きましたが「好きなものを食べること」です。しかし、同じものばかりを過剰摂取するフードファディズム（食べ物の健康への影響を過信すること）は、慢性型アレルギーを発症して身体の酸化を招くリスクがあります。私もかつて「海藻や蕎麦がよい」と世間で言われるのを聞いて、意識してたくさん食べていたら、逆に海藻や蕎麦の慢性型アレルギーになってしまいました。

食物アレルギーが人によって異なるのと同じで、**体にいい食べ物も人によって異な**

るのです。ですから自分の体や脳が欲するサインに素直に応じて、食べたいものを食べるほうがいいのです。

一般的に体に悪いといわれるカレーや牛丼といった高カロリーの食事も、無理に避ける必要はありません。

高血圧、糖尿病などを抱えていてなぜ無症状だったのか

私は、新型コロナウイルスが蔓延していた時期に3回の陽性判定を受けました。しかし、いずれも無症状でした。

私は高血圧、糖尿病、心不全を抱えていて、年齢も60歳を超えています。コロナ発症リスクが最も高いとされる条件を満たしていたにもかかわらず、なぜ無症状だったのかと言えば、免疫力が高かったからでしょう。

医者の言うことを聞かないで、血圧が高くても好きなワインを飲み、おいしいものを食べていました。そんな生活こそ免疫力を高めるのだろうと、自らの体験から確信

しているのです。

高血圧や心不全、糖尿病の人が、新型コロナの発症リスクが高いとされたのは、逆に**ふだんからいろいろな薬を飲み、節制していたことで、さまざまな免疫力が落ちてしまっていたから**ではないでしょうか。

好きなことを我慢しているせいで、さらに免疫力が落ちていたところに新型コロナに感染すればひとたまりもありません。これはがんに関しても同じことが言えるのだろうと思います。

4

過度な運動

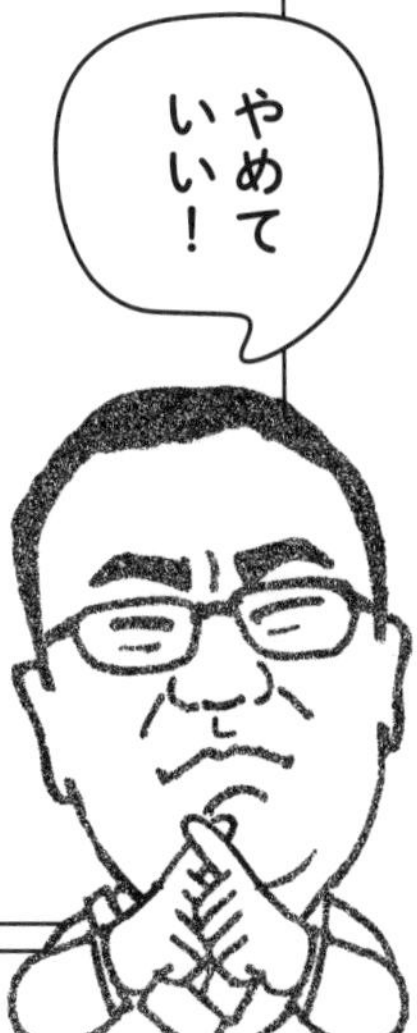

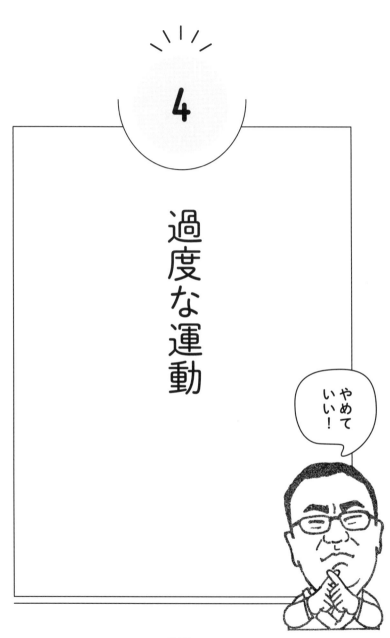

日ごろの運動は大切ですが、激しすぎると体内に活性酸素を増やすことになり、老化の促進につながる恐れもあります。

スポーツジムの利用者データを見ると、最もよく利用している層は60代で、次が70代だそうです。年齢を考えても、あまり無理をすると、かえって筋肉や腱《けん》を痛めることになりかねないでしょう。

スポーツジムに通う場合は、プールのあるところを選ぶといいでしょう。泳ぐためというよりも、**水中でのウォーキングが高齢者にとって最適の運動**になるからです。水中では浮力が働くので、みずからの体重による負担がかからず、膝や腰を痛めることがありません。その意味では地上でウォーキングするよりも優れた運動だといえます。

また、水中では水の冷たさが刺激となって身体が体温を維持しようとします。すると**体温調節機能の衰えを防ぐことができるうえに新陳代謝もよくなります。**水中にいるとそれだけでリラックスできる効果もあります。「この年齢になってスポーツジムなんて……」などと尻込みせず、ぜひとも水の中を歩く快さを味わってください。

適当なスポーツジムが近所になければ、**毎日散歩をするだけでも高齢者にとっては十分な運動**になります。日光を浴びながら戸外を歩けば骨《こっ》粗《そ》鬆症《しょうしょう》の予防にもなるし、セロトニンが分泌される上に、気分が晴れて、うつ症状も避けられます。

一人暮らしのほうが長生きの理由

家事を積極的にやってみることも、過度な運動よりもよっぽどおすすめです。大した運動量とは感じないかもしれませんが、料理や掃除、買い物など日々の作業でも、できるだけ筋肉を使うように心がければそうとうな運動になります。毎日のことだからバカになりません。

たいていの場合、一人暮らしの高齢者のほうが家族と同居している人よりも健康なことが多く、認知症になるリスクも低めです。

一人暮らしだと自分で買い物をし、食事の用意をして、掃除や洗濯も自分でしなければなりません。家にいても話し相手がいないので外出する機会が増え、それが体を動かすことにつながります。

つまり、一人暮らしのほうが長生きなのは、体をよく動かすからなのです。体を動かして筋肉を使うと、体温が上がって血流がよくなり、その血流の影響で免疫細胞の働きもよくなります。また、**骨に多少の負荷をかけて刺激を与えることは骨粗鬆症を予防するうえで効果的**です。

筋肉を維持していれば転倒の予防になるし、昼間によく動いていると夜はよく眠れます。すると疲れがとれて、さまざまな生活習慣病の予防にもつながります。

逆に体を動かさないと徐々に筋肉が衰えて、さまざまな問題が生じることになります。筋肉は人間の体の中で最大の「発熱機関」ですから、平時の体温が下がります。すると免疫細胞の活動が弱まって、がんを発症するリスクが高まるのです。

5

がんの早期発見・早期治療の心がけ

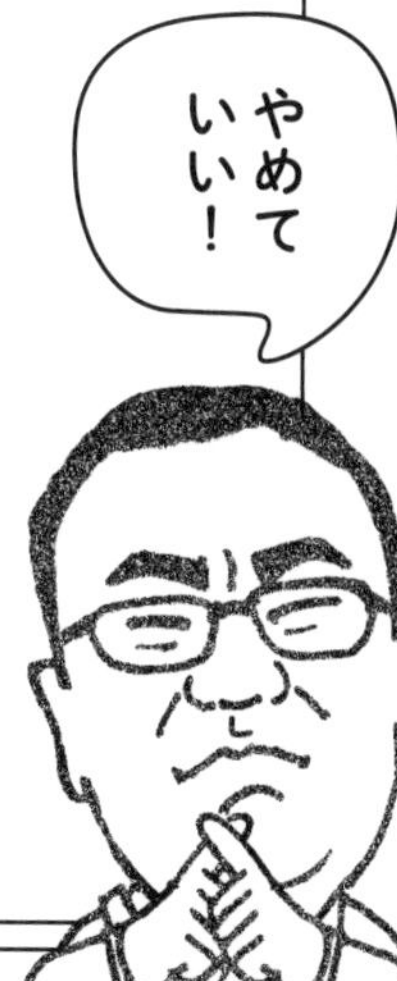

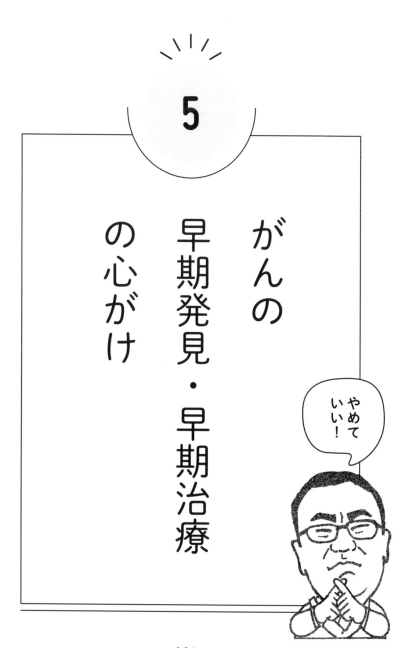

高齢者医療を中心とする浴風会病院に勤務していた当時、年に100人ほどの解剖結果を見てきましたが、85歳を過ぎた人の体内には必ずがんがありました。

だからといって、むやみに恐れる必要はありません。高齢になると、がんの進行がゆるやかになるので、いくつものがんを抱えながら生活の質を損なわずに暮らしている人も珍しくなく、多くの人は、がんがあることを知らないまま亡くなるのです。実際、がんが見つかった人のうち、死因ががんだった人は3分の1ほどです。

がんが見つかったときに大事なのはその後の対策で、選択肢としては「①苦しい治療に耐えて、がんを根絶する」「②治療は最小限にして、がんとともに生きていく」という二つが考えられます。

①を選ぶ場合、重要になるのが医者と病院の選び方です。病院によって治療の方法が異なり、医者によって治療方針も手術の腕も違います。「家から通いやすいから」などの安易な理由で選ぶのではなく、病院のホームページなどに公開されている病気別の手術成績や、術後のフォロー体制などを調べることが大切です。

そして、私なら高齢者のがんに関しては②をおすすめします。**がんは積極的な治療をしなければ、亡くなる少し前まで普通の暮らしができる病気**だからです。

「それだと寿命が短くなるだろう」と不安にもなるかもしれませんが、それでも②なら病院のベッドに縛られずにすんで、健康寿命は①の場合よりも延ばせることが多いのです。

治療するから苦しい病気になる

がんは治療するから、いろいろな意味で苦しい病気になります。がんの根絶をめざすとき、基本的には「手術」「抗がん剤治療」「放射線治療」が行われますが、これらの療法はがん細胞と同時に正常な組織や細胞も傷つけるため、患者の生命力を弱めてしまうことになります。

手術によって体の機能が損なわれれば、食欲も体力も落ちるでしょう。抗がん剤を使えば身体の自由が奪われ、髪の毛がごっそり抜けることもあります。そのうえ莫大な治療費がかかります。

それならば、とくに高齢者の場合は、手術をしないという選択肢があってもいいでしょう。**早期発見して治療が始まると、健康寿命がそこで終わってしまうことが少なくない**からです。

最悪なのは、検診でがんが見つかったときにパニックになってしまうことで、そうすると往々にして間違った判断をしてしまいます。

これを避けるためには、がんが発見される前から自分の望む治療方法を考え、それに合った病院の情報を調べておくことです。**65歳を過ぎたら、がん検診は受けないというのもひとつの考え方**です。

6

医者が処方した薬を続ける

何かしらの薬を飲んで具合が悪くなり、服用をやめようかというときは、**いちいち医者に相談などすることなく、自己判断でやめてしまってかまいません。**医者に言われるままに薬を飲んでいたのでは、薬漬けになってしまいます。医者の言う「体にいいこと」は、免疫に悪いことばかりと思ってもいいくらいです。

医療が高度化したことによって検査の数値ばかりが重要視されるようになり、数値に異常があれば正常に戻すために、多くの医者はすぐに薬を出すようになりました。治療のためというよりも、数値を下げるためだけに薬を出しているのです。

生命にかかわるような病気を持っている人であれば、「この薬をやめたらまずいですか?」と医者に確認することは必要です。しかし、予防薬の類《たぐい》であれば、飲んで体調を崩したときに「あの薬を飲んでいると調子が悪いから、飲むのをやめました」と言えば、医者も「それでかまいません」と言うか、「代わりにこちらの薬を出しましょう」となるはずです。

しかし、患者の体質に合わない薬を続けさせる医者もかなりいるため、そのときに我慢して医者に不調のことを伝えないでいると、「血圧が正常になっているから続けましょう」などと言われて飲み続けることになってしまいます。

そもそも自分が処方した薬を「調子がよかったので飲まなかった」と言ったときに怒るような医者は、そうとうおかしな医者ですから、二度と行かないようにしてください。我慢して通ってまで気に入らない医者とつき合う必要はありません。

薬の過剰投与がなぜ起きるのか

一方で、普段から高齢者の集まっている病院もあります。そういったところには患者の話をよく聞いてくれて、相談しやすい医者が少なからずいるものです。

「待合室が高齢者のサロン化している」「保険料のムダ遣いだ」などと批判されることもしばしばありますが、**高齢者にとって快適で健康にもいい病院だからこそ、多くの人が集まる**というのも事実なのです。

高齢者にとっての理想は、薬への不満をしっかりと受け止めてくれる医者と出会うことです。「飲むと調子が悪くなります」と訴えたときに、「少し減らして様子を見ましょう」と臨機応変に対応してくれるなど、話しやすく、会うと気持ちが楽になる相性のいいかかりつけ医を見つけたいものです。

ちなみに、薬の過剰投与がなぜ起きるのかというと、これは病院が儲けたくてやっているわけではありません。処方する薬が3種類から5種類になったところで、病院や医院の収入はまったく変わりません。

では、なぜたくさんの薬を処方するのでしょうか。

医者が総合診療としての教育をまともに受けていないためです。『今日の治療指針』という医者向けのマニュアル本があるのですが、そこに書かれている標準治療薬を診断名に合わせてそのまま処方しているため、薬がどんどん増えてしまうのです。

つまり、やたらと薬を処方するのは、臨床医としての未熟さの表れとも言えます。

7

運転免許証の自主返納

高齢者は運転免許証を自主返納すべきという風潮が、ますます広がりつつあります。自分は返納したと得々と語る人も増えてきました。いいことをしているという自信の表れなのかもしれませんが、それが他の人に無言のプレッシャーを与えているということに気づいているのでしょうか。

日本では、あくまでも自主返納を求めるというやり方を採っています。コロナ自粛もそうでしたが、海外のいくつかの国と異なり、国が責任を持ってロックダウンすることはせず、なんとなく従わないといけないような空気を作り上げます。

そして、それに従わないと居心地が悪くなるように仕向けて、その居心地の悪さに耐えかねた人たちが自粛したり、運転免許を返納したりと、あたかも自主的に判断したように持っていきます。

こうして同調圧力に負けてしまった人たちは、どうなるのでしょうか。

コロナ禍で自粛していた人たちは、自分たちの行動が正解であると思い込もうとして、他人にも自粛を強く求めるようになりました。けれども、その裏でうつ状態になってしまった人も多く生まれました。

車がないことで要介護率が上がる!?

免許を自主返納した人たちは、あたかもそれが正義であるかのように語ります。けれども、**車がないことで生活の幅が狭くなった人たちは、外に出ない高齢者になってしまって、数年後の要介護率が大幅に上がったりする**わけです。

結局は自分たちが損するわけですが、あくまでも自主的に行動を起こしたことになっているので、どこにも怒りの矛先を向けられない、誰にも不満をぶつけられないような空気が蔓延しているのです。こうしたパターンが続く限り、高齢者のうっぷんが収まることはないでしょう。

第1章

「感情に振りまわされる」のをやめる

1-1

感情的でいい
でも、振りまわされ
てはいけない

この章の最初にお断りしておきますが、私はなにもここで、「感情を持つな」と主張しようというのではありません。感情を持つこと自体は悪いことではありません。ただ、「感情に振りまわされてはいけない」と言いたいのです。

「学生時代の同級生ががんで亡くなってしまい、自分もそうなるかもしれないと不安でしかたない」

「職場の同期が出世したと聞いて、嫉妬する気持ちが湧いてしまった」

などと、私たちはなんらかの事態に直面して、不安や嫉妬といったマイナスの感情を持ってしまうことがあります。

ただし、マイナスの感情を持つこと自体は悪いことではありません。いや、むしろいいことと言うべきで、じつは**マイナスの感情は人を成長させる原動力にもなる**のです。たとえば「不安」という感情を例に考えてみましょう（「不安になるのをやめる方法」は次章できっちり取り上げます）。

私は高齢者から悩みを相談される機会が多々あります。

年金暮らしのある高齢者は、「この先のことを考えると不安でしかたありません。解消する方法はないのでしょうか」と言います。

それに対して、私はこう答えました。

「不安になることは決して悪いことではありません。もしあなたが毎日を漫然とすごしていたら、先のことを考えようともしなかったでしょう。だから、不安を取り除こうとするのではなく、**不安という感情を『この先をどう生きたらいいのか』を考えるための材料にしたらいい**と思いますよ」

人は不安だからこそ先のことを考えたり、(現役世代なら)負けて悔しいからこそ同期を見返すために努力して出世したりできるのです。つまり、感情は動機付けの材料になるのです。

このように、マイナス感情を持つこと自体は、決して悪いことではありません。そうではなく「振りまわされ、支配されてしまうこと」が害悪なのです。

感情に支配されているかいないかで大きな差がつく

マイナス感情をコントロールできない人は、少なくありません。

「自分の体内に病気が隠れているかもしれないと考えると、いてもたってもいられず、何もやる気が起こらない」

このような状態はまさに、感情に支配されています。

感情に支配されていると物事を冷静に考えることができず、人生が思うにまかせなくなります。

では、感情をコントロールするには具体的にどうすればいいのでしょうか。

人間はさまざまな種類の感情を持つ生き物です。幸運な体験をしてうれしいと感じたり、不愉快な体験をして怒りを感じたりするのは当然のこと。感情を表に出すことは悪いことではありません。とくに喜びやうれしさの感情を出している人は上機嫌に見えます。
上機嫌な人は、周りから見ても気分のいいものですし、実際に人から好かれています。**喜怒哀楽を感じると、脳の大脳皮質にある前頭葉が働き、気力を向上させたり知力を刺激したりすることで若々しさの維持にもつながる**などの効果があります。

問題なのは、感情をコントロールできず焦りや怒りの感情にまかせて問題行動を取ってしまうこと。ときどきニュースをにぎわす「暴走老人」は、心の中に抱えているモヤモヤやイライラなどのマイナス感情に振りまわされてしまい、問題行動につながった例です。
怒りにかまけて暴力ふるったり、相手を傷つけるような罵詈雑言《ばりぞうごん》をまき散らしたりすると、周囲との関係も悪化し、社会生活を送ること自体が難しくなるかもしれません。

感情をコントロールできる人は、上手に人づきあいができるだけでなく、集中した状態で仕事や勉強に取り組むことができるので、つねに安定した結果を出すことができます。

イライラや怒りの感情が湧き上がってきても、即座に反応するのをぐっとこらえてとにかく6秒数えてみましょう。怒りの感情をコントロールする「アンガーマネージメント」の理論家によると、**怒りのピークは長くても6秒間であり、ゆっくり6秒数えることである程度怒りを鎮められる**ということです。カッとなったら、この「6秒ルール」を試してみてください。

感情をコントロールできるかできないかで、その後の人生に大きな差がついてしまうのです。

1-2

すべての元凶は「感情の老化」にあり

私は30年以上にわたって老年精神医学にたずさわり、数多くの高齢者と接してきました。その中で常々感じているのが、「老化とひとことでいっても、個人差がとても大きい」ということです。

高齢になってもいろいろなことに興味を持ち、若い人とも積極的に交流するようなアクティブな人もいれば、還暦を迎えたばかりなのに始終不機嫌な表情で、ほとんど世の中とは関わらずに引きこもってしまう人もいます。

見た目に関してはその差がもっと大きく、実年齢よりも10歳以上若く見える人もいれば、15歳くらい老けて見える人もいます。

その差はいったいどこにあるのでしょうか。

私は「**感情の老化**」がすべての元凶なのではないかと考えています。

まずやるべきは「感情の老化」防止

一般的に「老化」といえば、「健康」「脳」「見た目」の三つの衰えが思い浮かぶでしょう。

足腰が弱ったり、筋力が落ちたり、疲れが抜けにくく体調を崩しやすくなるのが健康面、体の衰え。物の名前が出てこなくなったり、新しいことを覚えられなくなったり、考えがまとまりにくくなるのが脳の衰え。そして、皮膚の張りが失われたり、体形が崩れたり、シミやしわが増えるのが見た目の衰えです。

これらの老化を防ぐために、多くの人はジムに通ったり、ダイエットなどで健康管理をしたり、また、会話や交流をして脳機能の低下を防ごうとしたり、美容やファッションなどに気を使って見た目の衰えを補おうとしたりします。

もちろん、こうした努力は必要なのですが、それ以前に手を打つべきなのが、じつは「感情の老化防止」であり「感情を若々しく保つこと」なのです。

感情の老化は、40〜50代で始まります。この時代をどんな意識を持ってどう過ごすか、どう過ごしてきたかによって、60歳以降がガラリと変わるのです。

なぜ感情の老化を防ぐことが必要なのか

感情年齢は、前頭葉の委縮と密接な関係があります。

人間の脳は部位によって働きが異なり、大脳の前方にある前頭葉は思考、意欲、感情、性格、理性など高度で人間的な感情をつかさどっています。

また、前頭葉は泣いたり怒ったりといった原始的な感情よりもっと微妙で高度な判断を担っていて、何かに感動したり、ワクワク、ドキドキといった好奇心やときめきを持ったり、やる気を出したり、気持ちのコントロールや切り替えをしたりといったことも前頭葉の仕事です。

この前頭葉の委縮は40代から始まり、放置しているとどんどん進行していきます。その結果、何を見てもおもしろくないし感動もしない、やる気が起きないし、気持ちの切り替えもできない、という状態になります。

年齢を重ねると「使わない部分の衰え」が激しくなります。たとえば、高齢者がなんらかのきっかけで数か月寝込んだりすると、そのまま寝たきりになってしまうことが多く、脳を使わない生活を送っていると、認知症のようになってしまうことも珍しくはありません。頭も体も、使い続けることで若さを保つことができるのですが、そのためには「意欲」が必要です。たとえば次のようなことはありませんか。

「昔ほど何かに感動しなくなった」
「嫌なことがあると、ずっと引きずってしまう」
「アイデアが湧かなくなってきた」
「最近、頑固になったと感じることがある」

もし、こうした〝自覚症状〟あるとしたら、あなたの感情は体以上に老化し始めているかもしれません。気になる方は次項の「感情老化度テスト」で、ご自身の「感情年齢」を測ることをおすすめします。

1-3

あなたの感情年齢をチェックする感情老化度テスト

さて、ここにあなたの感情老化度をチェックするためのテストを用意しました。

このテストは、前頭葉のさまざまな機能の老化がどんな形で現れるかをもとに作成したものです。次の問の、当てはまるところにチェックを入れてください。

《問題A》

・最近は自分から友だちを遊びに誘ったことがない

□YES　□どちらともいえない　□NO

・性欲、好奇心などがかなり減退している

□YES　□どちらともいえない　□NO

・失敗をすると、昔よりもウジウジと引きずる

□YES　□どちらともいえない　□NO

・自分の考えと違う意見をなかなか受け入れられない
□YES □どちらともいえない □NO

・年下にタメ口をきかれると瞬間的にムッとする
□YES □どちらともいえない □NO

・「この年齢で始めたって遅い」とよく思う
□YES □どちらともいえない □NO

・お金を使って楽しむより、老後に備えてお金を貯めたいと思う
□YES □どちらともいえない □NO

・あることが気になったら、しばらく気にし続ける
□YES □どちらともいえない □NO

・最近、何かで感動して涙を流した記憶がない
□YES　□どちらともいえない　□NO

・カッとなって部下や家族に怒鳴ることが多い
□YES　□どちらともいえない　□NO

・起業など、若い人の話だと思う
□YES　□どちらともいえない　□NO

・この半年、1本も映画を観ていない
□YES　□どちらともいえない　□NO

・夫婦ゲンカをすると、怒りがなかなか収まらない
□YES　□どちらともいえない　□NO

・新刊書やカルチャースクール、資格試験学校、旅行などの広告に興味が湧かない
□YES　□どちらともいえない　□NO

・友だちの自慢話は、昔よりもじっと聞いていられない
□YES　□どちらともいえない　□NO

・この1か月、1冊も本を読んでいない
□YES　□どちらともいえない　□NO

・最近の若い人のことはわからない、としばしば思う
□YES　□どちらともいえない　□NO

・今日あった出来事が気になって、落ち着かずに眠れないときが多々ある
□YES　□どちらともいえない　□NO

・最近、涙もろくなった
□YES　□どちらともいえない　□NO

・昔と比べて斬新なアイデアが思い浮かばなくなった
□YES　□どちらともいえない　□NO

・グルメ雑誌、ファッション誌なんて自分とは別世界のことだと思う
□YES　□どちらともいえない　□NO

・一つの気に入った案を思いつくと、なかなか別の考えが思い浮かばない
□YES　□どちらともいえない　□NO

・昔よりイラッとすることが多くなった
□YES　□どちらともいえない　□NO

・ここ数年、旅行は自分で計画せず、人の計画に丸乗りするだけだ

□YES　□どちらともいえない　□NO

・昔と比べて、いろいろなことに腰が重くなった

□YES　□どちらともいえない　□NO

《採点》

・「YES」は3点（①）、「どちらともいえない」は2点（②）、「NO」は1点（③）

《問題B》

・「ごますり」だとわかっていても、持ち上げられると気持ちがいい

□YES　□どちらともいえない　□NO

・「あいつは○○だから」などと、人の性格などを決めつけたような発言をよくする
□YES　□どちらともいえない　□NO

・人にものを尋ねるのが億劫だ
□YES　□どちらともいえない　□NO

・仕事でこうしたほうがいいと思うことがあっても、面倒くさいので提案しない
□YES　□どちらともいえない　□NO

・一度嫌い（好き）になった人物のことは、なかなかいい点（悪い点）を認められない
□YES　□どちらともいえない　□NO

《採点》

・「YES」は2点（④）、「どちらともいえない」は1点（⑤）、「NO」は0点（⑥）

・①～⑤の点数を合計した数があなたの「感情年齢」です。

《問題A》の合計□点＋《問題B》の合計□点＝□歳

いかがでしたか？

感情の老化は人知れずじわじわと進行するので、あらためて自分と向き合うことでさまざまな気づきが与えられるでしょう。

もし、テストの合計点数（＝感情年齢）が実年齢よりも上だったら、すでに感情の老化が始まっている危険性があります。

＊自著『「感情の老化」を防ぐ本』（朝日新聞出版刊）掲載の『「感情の老化」度テスト』を一部改変。

1-4

感情コントロールの基本は〝黙殺〟にあり

私が嫌う考え方に「決めつけ」があります。

たとえば、こちらがブログやSNSなどで何か言ったり書いたりしたことを「何もわかっていない」「頭が悪い」「偏見だ」などとボロクソにけなす人たちがいます。

こういう人たちに共通するのは、まず礼儀をわきまえていないことです。メールでもネット上のコメントでも、乱暴な文章だし、誤字も多いし、悪意に満ちています。

私は自分の意見が批判されること自体はなんとも思いませんが、根拠も論理性もなく、しかも無礼な物言いで決めつけられるとやっぱり腹が立ちます。

そもそも、私の意見はあくまでひとつの見方です。

それが絶対に正しいとは私自身思っていません。「いろいろ見方があるだろうけど、わたしはこう思う」と示しただけです。

それを最初から「わかっていない」と決めつけられれば、議論は成り立ちません。

もちろん「こんなの、相手にしなくていい」とわかってはいるのですが、うっかり読んでしまって立腹することが何度もありました。

気持ちがスッと明るくなるとき

そこで対策を講じました。

まず、メールなら読まないことです。

悪意に満ちたコメントを送ってくる相手は匿名がほとんどですし、件名を見ただけで嫌な感じがするので無視。

うっかり読んでしまった場合でも、反論などしません（と言いつつ、たまにしてしまうのが感情の怖いところですが）。そんなヒマがあったら、毎日やることはいくらでもありますから、それを一つずつ片づけていきます。

要するに黙殺ですね。これが感情コントロールの基本です。

そのうち私の意見に賛成してくれたり、私と同じような意見を伝えてくれたりするメールが届きます。

こちらは礼儀正しく、冷静で、しかも決めつけをしていません。そういうメールを読むと、すっかり機嫌がよくなるのです。じつに単純です。

この単純さが感情のいいところです。

つまらないこと、本当にくだらないことでカッとなっても、**そんなものは放っておいて、できることや、やらなければならないことを淡々と続けていると、フッといいことに出会います。**

その瞬間、気持ちがスッと明るくなり、心がスッキリするのです。

1-5

内向きになると
いつまでも
不機嫌が続く

「会議の席で、自分の提案が通らなかった」

「飲み会のメンバーから外された」

明るい感情を持つ人は、このようなケースでも「それもそうだね」といった受け止め方をします。

相手や周囲が予想と違った反応を見せたときでも、ひとまず「それもそうね」とうなずくことができるのです。

もちろん、重大な場面ではありません。自分がどうしても実行したいプランがあって、それに対して納得のいかない反論があったときには議論も大いにけっこうです。どんどんやってください。

でも、ほとんどの場面は、どうでもいい結論ですね。ランチの場所が変わったとか、会議で自分の意見が無視されたとか、そういったことは決定的でも致命的でもないただの途中経過です。そういう雰囲気に傾いたというだけのことです。

したがって「それもそうだね」と受け止めても困ることはありません。

自分の意見が無視されて同僚の意見が取り上げられたら、「ひとまずこの人のプランで頑張ってみるか」でいいでしょう。あなたのプランが取り上げられたとしても、うまくいくかどうかはやってみないとわからないのですから、やはり途中経過です。

嫌な感情につかまらない切り替えのフレーズ

いちばん大事なのは、**自分の感情を滞らせないこと**です。

「どうして」とか「おもしろくない」「せっかく考えてきたのに」といった嫌な感情につかまってしまうと、結局、そういう自分の気持ちと向き合うだけになります。内向きになってしまえば、いつまでもウジウジと不機嫌が続きます。

そんなときは**「それもそうだね」と唱え、気持ちを切り替えましょう**。それだけで、不思議と相手とのおしゃべりや料理の味、街の様子といったことに気持ちが向けられます。会議なら他人の意見やプランに関心が向けられます。気持ちがどんどん外向きになっていきます。

1-6

感情の悪化を防ぐコツは「期待しない」こと

決めつけや思い込みは、感情を悪化させる原因になります。それだけではありません。判断力や思考力も低下させてしまうのです。

どうしてそうなるかわかりますか。

「こうだ」とか「こうに決まっている」と思い込めば、ほかの可能性がまったく考えられなくなります。予想外の結果が出ると「なぜ?」とパニックを起こし、「そんなはずはない!」と突き進んでしまいます。

突き進んだところで、すでに状況が変わっているのですから、どんどん悪い方向へ進んでしまいます。

「儲かる」と勧められた金融商品を買い込んで、損失がふくらんでも意地になって手放さない心理に似ているかもしれませんね。

たいていのことは予想通りにはいきません。仕事や人間関係でも、「こうなればいいな」と思うようにはならないことが多いのです。プロセスでも結果でもそういえるでしょう。

そこでパニックに陥らないためには、**つねに大まかな見通しでスタートできる、ある種の「いい加減さ」が必要**になります。

社運を賭けたプロジェクトなどは除くとして、たいていの仕事は予想通りにいかなくても、60点なら「できた」ことになるでしょう。人間関係だって、うまくいかなければそれだけのこと、必要なつきあいだけこなせば支障はありません。

最悪のシナリオを一つだけ描いておく

そのとき、ただいい加減なだけでは性格的に不安になる人もいるでしょう。

どうしたらいいのでしょうか。

最悪のシナリオを一つだけ描いておくことです。

たとえば、取引先との交渉や話し合いでも、「ここまでは譲れる」という一線を引いておき、それを越えることを求められるようなら、きっぱりと断るようにします。

何がなんでも結果を出すというのではなく、ダメなときはしょうがないと考えることです。

人間関係も同じで、うまくいかない相手と無理に合わせるのではなく、「ここまでは我慢しよう」という一線を決めておき、相手がそれを越えてきたら「はい、おしまい」と打ち切ればいいのです。

これならどんな嫌なことがあっても、サバサバと気持ちを切り替えることができるでしょう。

第2章

「不安」を手放す

2-1

「知らない」を減らすと「不安」は減っていく

どんな人間でも、心配事や不安な気持ちの一つや二つは持っています。

お金の心配や将来への不安、老いへの不安、仕事の心配、事故に対する不安、人間関係がうまくいくかという心配……。

かように不安や心配のタネは尽きません。

素敵なパートナーと巡り会えて、幸せの絶頂という人でも、「この幸せはいつまで続くのだろうか」と考えて、不安な気持ちになってしまうかもしれません。

その不安や心配に気づかないふりをしていたり、不安を忘れようとして目先の楽しさを追い求めたり、友だちや先生に相談したり……。

どうしても不安が心から離れなくて、強いプレッシャーとなって襲ってくると、私のような精神科医に相談される人もいます。


どうして私たちは、不安や心配を抱えてしまうのでしょうか。

その**原因の一つは「知らない」から**です。

新入社員が社会人生活に不安を覚えるのは、仕事をまだ知らないからです。初対面の人と会うのが不安なのは、その人のことを知らないからです。

そういう不安や心配事は、事実や情報を集めたり、経験を積み重ねていったりすれば解消していきます。**「知る」ことによって、多くは解消できる**のです。

将来のことなんて悩んでもしかたがない

しかし、それでも解決しない不安もあります。

将来、何が起こるかは誰にもわかりません。どのように老いるのか、体にどんな不調が出てくるかもわかりません。

わからないから不安になるわけですが、それはもう考えても始まらない不安、悩んでもどうにもならない不安です。

学んだり、経験したりすることで解消する不安ならどうにかすることもできますが、どう転ぶか、どちらに進むかわからない事柄については、どうすることもできません。

あなたは、そんなことに悩んでいるのではないですか？

しかし、将来のことなんて誰にもわかりませんし、いまからどうすることもできないのです。

冷静になれば当たり前のことですが、不安にさいなまれているときは、こんなふうに考えることすらできません。

深呼吸をして、心を落ち着けてください。

いいですか。

どうにもならないことは、誰にとってもわからないのですから、引きずって悩むだけ損というものです。悩み続けていても、何かが好転するわけではありません。

2-2

いくつになっても
誰にでも
「別の選択肢」はある

誰にも不安にさいなまれるときがあります。人に心がある以上、不安から逃れることはできません。

不安は誰にでも平等につきまとうものですが、不安とうまく折り合いをつけて暮らしていける人と、不安を引きずり、振りまわされて仕事や勉強が手につかなくなる人がいます。

不安を引きずると、先のことがまったく考えられなくなってしまいます。そして、いま心にある苦しい思いから逃れたい気持ちが強くなり、酒やギャンブルなどの享楽的な行動に溺れてしまうことがあります。

なかにはがんと診断され、その不安から逃れようとして自殺までしてしまう人もいるのです。

がんが怖いのは死が怖いからなのに、いま抱えている不安から逃れたくて死を選ぶという皮肉な選択をしてしまう人もいるということです。

「別の選択肢」があることを常に意識しておく

不安にとらわれていると、いまある苦しさから逃れたいと思うと同時に、「いまがすべて」だと思い込んでしまいます。

たとえば、学校でいじめ問題が発覚すると、大人は「どうして周りの大人にいじめられていることを話さないのだろう。SOSのシグナルさえ出していれば……」といったことをよく言いますが、いじめられている当人にそんなことができるはずはありません。

なぜなら、「いまの友だちに嫌われたら、もうやっていけない」と思い込んでしまっているからです。

大人の私たちなら、学校の友だちだけがすべてじゃない、学校の外にだっていろんな人がいるのだから、そちらで合う人を見つければいい、と考えてしまいがちですが、精神的に追い詰められた子どもにとっては、学校がすべてであり、その世界の中で生きる以外にないと考えるようになるのです。

がんを苦に自殺するのも、いじめに黙って耐えているのも、冷静な目で見れば別の選択肢があるはずなのに、不安にとらわれている当人はそのことがわからなくなっています。

不安にとらわれると、目先のことにしか気がまわらなくなってしまうだけでなく、自信を失い、本来持っているはずの力を出し切れずに失敗してしまうことにもなります。心の余裕を失うことは、さまざまな面でマイナスの結果をもたらしていきます。

視野が狭くなっているときは「別の選択肢」に思いをはせるのもいいでしょう。学校という世界しか知らない子どもに、別の世界があると言い聞かせている自分を思い浮かべて、その言葉を今度は自分にかけてあげましょう。

「ここでダメなら別の機会があるさ」と声に出してみます。根拠などいりません。人間の世界はそのようにできているのです。

2-3

不安の8割は取り越し苦労

生きている限り、いろいろな不安が出てきます。でも、それはあくまで頭の中で起きていることです。

「あの人と仲良くなりたいけれど、私のネクラな性格では嫌われるかもしれないから、話しかけないでおこう」

このように、ネクラだから嫌われるという頭の中だけの想像に従って気分本位で行動するから、人の心は病むのです。

しかし実際は、相手がネクラな性格の人を嫌っているかどうかはわかりません。ネクラであることをむしろ、慎み深い人、と思ってくれるかもしれませんし、八方美人ではないととらえて信頼してくれるかもしれません。

予期不安のほとんどは取り越し苦労に終わる

また、気分本位で行動すると、まだ起きていないことへの恐怖（予期不安）に振りまわされてしまいます。

しかし、その予期不安のほとんどは、取り越し苦労に終わることがアメリカ・ミシガン大学の研究チームによる調査によっても判明しています。

この調査によると、**心配事の80％は実際には起こらない**。そして、**実際に起きるとされる残りの20％についても、その8割は事前の準備で対応すれば解決できる**そうです。

つまり、本当に打つ手なしの状況に陥る可能性は、たった4％に過ぎないのです。

「心配事の8割は起こらない」と実感するには

しかし、私がそう言っても、すぐには納得できない人も少なくないと思います。そんな人が、「心配事の8割は起こらない」と、心から納得できるようになるにはどうしたらいいのでしょうか。

「案ずるより産むが易し」を実感することがいちばんです。

何かを試そうとするときに、「でもそれは危険だ」「失敗するかもしれない」とことさら否定するのは、たいていはやってみたことのない人ではないでしょうか？

つまり、頭の中で想像しているだけなのです。

こういう人には、「やってみて失敗してからやめればいいのでは？」と、ぜひとも伝えたいと思います。

「見る前に跳べ」と言いたいのです。

新しいことに手を出して失敗したくないのは誰でも同じですが、失敗しない人間はいません。そして、失敗したとしても、それで人生が終わりということはほとんどないのです。

2-4

不安につぶされない
ためには、やるべき
ことに没頭する

不安をなくすことはできません。不安はあっていいのです。肝心なのは不安をいつまでも引きずらないこと。

そのためにはどうしたらいいのでしょうか。

無理に気にしないようにするのではなく、**「自分は不安を抱えている」と認めてしまうことが重要**です。

気持ちの切り替えの早い人は、不安を忘れようとするのではなく、認めてしまっています。むしろ、何に対して不安を感じているか、どんなことが心配なのか、はっきり認識してうやむやにしようとしていません。

では、不安を認めた上で、彼らはそれに押しつぶされないために、何をしていると思いますか？

やるべきことをやっているのです。

つまり、きちんと日常の業務や毎日やらなければならないルーティンをこなしている、ということです。

仕事なら、プライベートに問題を抱えて不安な気持ちがあっても、やらなければならないことがたくさんあるはずです。その日の予定やノルマもそうですし、会議があるならその準備もしっかりやらなくてはなりません。

また、家庭の主婦なら、子どもの世話をしたり、夕食の買い物などをしなければならないでしょう。

誰にでも、不安を抱えていても、やらなければならないことがあるはずです。それに全力で取り組む。それが大事です。

不安が気にならなくなる生き方とは

「それだけ？」と思うかもしれませんが、**することがない状態にあると、人は不安のほうに気持ちが行ってしまいます。何もしないというのは、ますます状況を悪化させてしまうだけ**なのです。

やるべきことに没頭しているときは不安を忘れていますし、忙しく仕事や家事をこなしてホッとひと息つくと、「なんとか今日も終わったな。よく頑張った」と、小さな充足感を得ることができるのです。

そんなとき、不安が小さくなっていることにふと気づくことも少なからずあるでしょう。これはマジックでもなんでもありません。**放っておけばマイナス感情は自然におさまっていく「感情の法則」なのです。**

気持ちの切り替えが早い人は、日常を大切にしています。

いつもどおりのことに没頭していれば、不安は気にならなくなっていくことを知っているのです。

2-5

「不安な自分」を武器にする

以前、私のところにあがり症をなんとか克服したいという、自動車の販売員が相談に来たことがあります。

見るからに人がよさそうですが、気が弱く、話をしていても、あがり症であることがすぐにわかりました。

こちらの質問に答えようとすると、顔が真っ赤に染まり、しどろもどろになってしまいます。要領も悪そうで、「販売員としては苦労しているだろうな」というのが私の率直な印象でした。

ところが、彼の情報を集めてみて、私は驚きました。なんと年に１００台以上の車を売り上げるトップ販売員だったのです。

未熟な自分を武器に変える

何度か話を聞いてみて、彼がトップ販売員である理由がわかりました。

彼はすぐに顔が赤くなるあがり症ですが、とても誠実で一生懸命です。お客さんをはぐらかすようなことは一切言いません。彼の人柄は、そのあがり症とあいまってお客さんから好意的に見られ、信頼を築いていったのでしょう。

販売員は口八丁手八丁のほうが向いていると思われがちですが、それだとむしろ人をだまそうとしているような印象を与え、警戒心を抱かせてしまうことが少なくありません。どのような業種においても、トップセールスとなる人は意外に朴訥《ぼくとつ》な人が多いのです。

そう考えると、あがり症は彼にとって大きな武器であることがわかります。あがり症を克服するということは、その武器を失ってしまうことになるかもしれません。

彼にそう話すと、彼は「わかりました。ぼくはこれからもあがり症で口下手なセールスマンとしてやっていきます。それがぼくですから」と納得してくれました。

このエピソードは、不安を引きずらないコツにも通じます。

不安を抱える人は、自分の不安を人に悟られないよう、肩肘を張っていることがあります。でも、それは自分で不安をあおっているようなものです。

そんな鎧をまとわずに、ありのままの自分をさらけ出していいのではないでしょうか。**不安を抱えていることがわかっても、それで人は評価を下げたりしません。それこそ人間的というものですし、むしろ親近感を覚えてくれる可能性もあります。**

未熟な自分をオープンに見せたほうが、ずっと楽に生きられるという見本のようなエピソードでした。

2-6

どんな不安も
いずれは
かならず消える

「不安」についていろいろと述べてきました。不安を持つのが悪いことばかりではないこともご理解いただけたかと思います。そのうえで、この章の最後に「不安」について私がいちばん伝えたいことをお話しさせてもらいます。

それは、この項目のタイトルにあるように「**どんな不安もいずれは消える**」ということです。

人間の感情というものは、時間とともに必ず消えていきます。もちろん、その感情の中には不安も含まれています。

たとえば、電車に乗るときに、知らない人に割り込みをされたくらいの怒りなら、1駅か2駅通過するころには心の中から消失していると思います。

不眠に関しても、似たようなことが言えます。神経質で眠れない人は、寝つきが悪くて明け方に深く眠ってしまうタイプが多いのですが、このタイプは「なんとしても寝なければならない」という意識が強すぎて寝ることに一生懸命になるあまり、かえって不眠のドツボにはまってしまうのです。

こんなときには、無理に眠ろうとするのではなく、あるがままに行動して、寝る時間になったら布団に入り、ゆっくりと眠気が訪れるのを待てばいいでしょう。
たとえ朝方まで眠れなかったとしても、横になっていれば体の疲れは取れています。眠れないと、不安や悲しみ、自責などいろいろな感情が浮かんでくると思いますが、気楽に目をつぶって「体だけでも休めればいいや」と放っておくと、いつの間にか眠りに落ちていることが多いものです。

不安に対しては、「消してやるぞ」と意気込んで真正面からぶつかり合うよりも、「放っておけばそのうち消えていくだろう」と相手にしなければ、本当にいつの間にかなくなっています。それでも朝、目が覚めたときや夜に眠りにつくとき、不安が襲ってくるようなら、このフレーズを声に出して唱えてください。

「時間がたてば不安はかならず消える」

かならずです。だから心配しないでください。

第3章

「引きずる」のを やめる

3-1

放っておけば
嫌な気持ちは
勝手に消えていく

最近、国際的に再評価されている森田療法という日本発祥の心の治療法があります。この森田療法には「**感情の法則**」と呼ばれるものがあります。感情の興奮は山のように高まっても、時間が経つにつれてどんどん収まっていき、やがて消失するという、感情の波を表したものです。要するに、嫌な気持ちになっても、あまり気に病まず放っておいたほうがいいということです。

放っておけば忘れてしまうのに、興奮が冷めかけたところで再び刺激を与えて（思い出して）、また同じ感情が復活してしまうのが〝引きずった状態〟です。

せっかく歯の痛みを忘れていたのに、「歯」とか「痛い」というキーワードを耳にすると思い出してしまい、痛みがぶり返すことはよくありますが、主観的な痛みも感情も同じこと。気にし出すとまたよみがえってきてしまうのです。

とはいえ、ぶり返しを、「気にしないようにしよう」と思って忘れられれば世話はありません。

翌日に、お偉いさんの前で大事なプレゼンをしなければならない人に、「あがるな」と言っても無理な話。逆に意識してしまって、緊張を高めることになってしまいます。こうした不必要な言動を「はからい」と言いますが、怒りや不安を「気にするのはやめよう」と思う無理な「はからい」は逆効果です。

大切なのはあるがままに受け入れること

焦っているときに「焦るな」と言っても、焦りが増すだけ。

不安なときに「大丈夫、自分は冷静」と無理やり思っても、さらに不安が募るだけ。

怒っているときに「もう忘れよう」と考えても、怒りの炎に油を注ぐだけ。

そんなはからいはムダであるどころか、かえって事態を悪化させることになります。

大切なのはあるがままに受け入れることです。つまり、自分が怒りや不安に支配されていることを認めてしまうのです。

無理にマイナス感情を覆い隠そうとしてもそれは不可能です。

それならすべてを認めて、「自分は怒っている」「不安に駆られている」ことを受け入れます。そのうえで、怒ったり、不安に駆られたりするのは自然なことだと考えるのです。


あるがままを認めて受け入れること――。

嫌な気分を引きずらない、振りまわされないようにするには、それが最も重要です。

本章では、こうした引きずってしまう、振りまわされてしまう自身の気持ちを受け入れ、かつそれを流してしまう心構えについて、お話ししていきましょう。

3-2

他人の失敗なんて誰も覚えていない気に病む必要なし！

私はときどき、「本職は何ですか？」と聞かれることがあります。精神科医、受験指導、作家など、さまざまなことに手を出しているからそう思われるのでしょう。

私としては、どれが本職と思われてもかまわないのですが、もう一つ付け加えると、「映画監督」というのもあります。

あまり知られていませんが、これまでに3本の映画を撮ってきました。じつは映画監督になるのが、私の子どもの頃からの夢だったのです。

監督を始めたのは大学生のころ。16ミリ映画でしたが、プロの役者さんを招き、これで映画界に新風を吹き込むんだと意気込んで撮影に臨みました。

しかし、やはりズブのシロウトですから、細かな段取りがなっておらずスケジュールが大幅に遅れてしまいました。

その結果、役者さんの事務所から「いつまで拘束するんだ」と激怒され、出演辞退を言い渡され、その映画はあえなく頓挫してしまったのです。
まさに大失敗です。自分のアホさ加減にあきれ、落ち込みました。

失敗は次回の反省材料にすればよい

でも、その失敗を引きずって、映画づくりをやめようとは思いませんでした。医学の道に進み、受験産業にも関わり、地歩を固めながら、またいつか映画を撮ろうとチャンスをうかがっていました。

その甲斐あって、紆余曲折ありましたが、『受験のシンデレラ』という映画を完成させることができました。

この作品は、「とてもシロウト監督が撮ったとは思えない」というおほめの言葉をいただき、モナコ国際映画祭でベストフィルム賞（最優秀作品賞）という栄冠まで勝ち取ったのです。

最初の失敗のときには、私もさすがにめげました。人は私のことを笑っているだろうな、評価も下がっちゃったな、そもそも、こんなこと自分には無理だったのかもしれないな。もう映画を撮るチャンスなどないだろう……。

でも、よくよく周りを見ると、あることに気づきました。

人は他人の失敗なんて、そんなに見ていない、覚えていない、気にしていない、ということです。

名監督と呼ばれる人たちが撮った作品のなかにも、当然、駄作はあります。しかし、人々に語り継がれるのはやはり名作で、失敗なんてみんな忘れています。あるいは、名作を語る際のエピソードのひとつになっている程度です。

そう考えたら、気持ちがラクになりました。失敗は次のチャレンジへの反省材料にすればいい。そう思い、私は立ち直ることができました。

3-3

「他人の不機嫌」に引きずられてはいけない

人間の感情はうつります。そう、伝染するのです。

一人なら、その人の感情はその人だけのものですが、**職場でも家庭でも、身近に何人かの人間がいれば一人の悪感情は相手や周囲にうつる**のです。

たとえば、夫婦でもそうです。妻が上機嫌なら、夫は「どうしたのかな？」とか「何かいいことあったのかな？」と思います。べつに理由は尋ねなくても、夫もなんとなく気持ちが明るくなります。

妻が不機嫌なら逆です。まして自分の嫌な感情を隠そうともしない妻であれば、たいていの夫は「何をプリプリしているんだ」と思い、しだいに不機嫌になっていきます。逆に、夫が不機嫌な場合も同様です。

職場も同様で、上司が不機嫌だったり、隣の席の同僚がイライラしていたりすると、こちらも嫌な気分になります。「こっちにまで八つ当たりされたら、たまんないなあ」と思うでしょう。

こちらがせっかくいい気分でいても、他人の悪感情をぶつけられると水を差された気がしますし、しまいには「私になんの関係があるんだ!」などと腹が立ってきます。パワーの強さでいえば、どうも**悪い感情はいい感情より強い**ようです。

「しょうがないなあ」と軽い受け流しに徹する

だとすれば、不機嫌な空気に引きずられないためには、相手の悪感情から身をかわすのがいちばんです。取り合わなければいいのです。

そのためには「どうして」とか「迷惑だ」とか「ひとこと言ってやろうか」といった受け止め方はしないことです。それをすると、相手の悪感情と向き合うことになってしまいます。

「しょうがないなあ」

「また始まったな」

軽い受け流しに徹しましょう。

3-4

引きずりやすい人は じつは「できる人」 でもある

マイナスの感情を抱くことは誰にでもあります。しかし、それを引きずる人と引きずらない人がいるようです。では、どのような人がマイナス感情を引きずりやすいのでしょうか。

たとえば、**執着気質の人は、マイナス感情を引きずりやすい**傾向があります。

このタイプの人は、非常にこだわりが強く、自分のスタイルを持っています。別の見方をすると、一つのことにこだわりすぎて融通が利かない面も持ち合わせています。そのため、自分の思いどおりにいかないと、怒りが湧いてきたり、必要以上に落ち込んだりしてしまうのです。

切り替えの早い人であれば、「この方法でうまくいかなければ、あの方法でやってみよう」などと、さっさと見切りをつけて新しいことを試していけるのですが、執着気質の人はなかなかそうした切り替えができません。

うまくいかないのに、「どうしてもこのやり方で」とこだわってしまい、ますます泥沼にはまってしまうことになります。

また、**完全主義の人も、一度つまずくと引きずりやすい**傾向があります。

完全主義の人は、常にパーフェクトであろうと、細かいところまで気になってしまいます。すべてうまくいっているかどうか不安に駆られ、一つ小さなミスがあっただけでも、「どうしてうまくいかないんだ！」と負の感情を引きずってしまうのです。

過ぎたことはあれこれ考えず、この先を見据える

こうした執着気質や完全主義は、メンタルヘルスの面ではマイナスととらえられることが多いのですが、同時に高い意欲と強い精神力を持っていて、いい仕事を成し遂げるという面もあります。実際、「仕事ができる」と言われている人の中には、これらのタイプの人は少なくありません。

こういう人が注意したいのは、執着する対象です。怒りや焦りといったマイナス感

情を引きずるのではなく、仕事や課題そのものの精度のほうに執着の対象を切り替えるよう意識する——つまり、向けるベクトルを変えることが大切です。

怒りや焦り、苛立ちといったマイナス感情は、過去の出来事に引きずられて湧き上がってきます。過去に起こってどうにも変えられないことを、あれこれ考えて気に病むのはまったく生産的ではありません。

仕事ができるあなたですから、これから向かうべきものに対して、集中するようにしましょう。こうしたメンタルコントロールを身につけることが大切です。

3-5

「手段はいくらでもある」と別のやり方をストックしておく

多くの方は、東大に受かるような受験生なら、たいていの問題はスラスラと解いて高得点で合格していると思っているかもしれませんが、けっしてそんなことはありません。東大生とて、必死に考えてもわからない問題が出題されることは、よくあります。そんなとき、彼らはどうしているのでしょうか？

私の経験上、多くの東大生は「こんな問題、解けなくても合格できる」と考えてさっさとその問題を捨てて、別の問題に取りかかります。**解けない問題に時間を費やすより、ほかの確実にできる問題をやったほうが点数を取れるし、満点でなくても合格できると合理的に考える人が多い**のです。

じつは「この問題が解けなくては合格できない」と考えて、一つの問題に集中するような受験生のほうが、点数が伸びないのです。

一つの問題に詰まってしまうと、すべての問題に解答する時間的余裕がなくなってしまいます。

不安への対処についても同じことがいえます。

不安を解消するために行動を起こしても、それがうまくいかないことだってあるでしょう。

融通が利かない人は、同じアプローチを何度も繰り返して問題の解決を図ろうとしますが、一度うまくいかなかった方法が解決につながる可能性は限りなく低いと言わざるを得ません。

とりあえず一回さじを投げて、別のアプローチを試みる

何度やっても解決しないと、不安はますます強くなっていきます。

合理的に考えるなら、**一度やってみてダメなら、別のやり方を試したほうがずっと効率的**です。一つの解決法にこだわっても、ダメなものはダメなのです。

富士山の頂上をめざす登山口がいくつもあるように、ゴールにたどり着く道は一つ

とは限りません。いくつものアプローチがあります。しかも富士山とは違って、どの道がゴールにつながっているのかわからないのですから、いろいろ試してみることが大切なのです。

そういう柔軟性が、受験にも、不安を引きずらないためにも必要です。

また、受験の際にどうしてもわからない問題は放っておくのと同じように、やり場のない感情を解消するためには「放っておく」というアプローチも、時には必要です。

そう、きっぱり諦めてしまうのです。

「それでは不安をいつまでも引きずることになる」と感じる人がいるかもしれませんが、**そもそも不安は、それをなくすことにこだわるからどんどん意識され、強くなっていくのです。**

「もう、いいや」とさじを投げたとたん、その不安もどうでもよくなるということは少なからずある話です。

3-6

「思考停止」は感情を整理するテクニック

人の言葉が引っかかったり、態度が気になったりしたとき、「どうしてあんなことを言うのだろう」「なぜ、あんな態度をとるのだろう」と考えてすぎてしまうと、マイナスのイメージがどんどんふくらんでいき、人の言葉や態度がますます気になってしまいます。

このようなとき、感情のバランスを上手にとっている人は、どう対処しているのでしょうか。

感情をうまく整理できる人が使っているテクニックのひとつに**「思考停止」**があります。要するに嫌なことを言われても「考えるのをやめてしまう」のです。

いくら悪意のある言葉を投げつけられても、すぐに思考を停止させてしまえば、ダメージは残りません。

では、どうすれば思考を停止させることができるのでしょうか。

人が我を忘れて（考えるのをやめるほどに）夢中になれるのは、何か好きなことに没頭

しているときです。たとえば、釣りが好きな人なら釣りをしているとき、映画が好きな人なら映画を鑑賞しているとき、食べることが好きな人なら食べ歩きをしている最中……。

このように、自分の好きなことに没頭している時間は、浮世の憂さを忘れて、無心になることができるのです。それはとても気持ちのいい時間です。

とりあえずいつもと違ったことをしてみる

感情のバランスを上手にとっている人は、毎日の生活の中にこうした気持ちのいい時間を持っています。

逆に言えば、**何かに没頭できる時間があるから、上手に感情をコントロールし、心豊かに毎日を送っている**と言うこともできるでしょう。

嫌なことを言われた日は、いつもよりおいしいものを食べ、寝るまでの落ち着いた時間に、自分の趣味やハマっていることにひたってみてはいかがでしょうか。

そして、やりたいことが見つからないという人は、とりあえず「いつもと違ったこと」をしてみましょう。

いつもはまっすぐ帰宅しているなら、帰りに映画館に寄ってロードショーを見るとか、友だちを誘って、いつもは行かないちょっと高級なレストランで食事をしてみるなど、気分が盛り上がることをしてみるのです。

好きなことをしたり、いつもと違う行動を取ったりすることは、感情に刺激を与え、リフレッシュすることにつながります。

感情に驚きと興奮を与えることができれば、嫌な感情を忘れ、リセットすることができるのです。

3-7

問題が起きたら即、誰かに話してシェアすべし！

「間違ってはいけない」「失敗してはいけない」という思い込みが強すぎるあまり、ますますひどい状況に自分を追い込んでしまう人がいます。

もう10年ほど前のことになりますが、2014年に起こった「遠足バスの手配ミス隠し問題」を覚えているでしょうか。

これは、大手旅行代理店の社員が、高校の遠足バスの手配を忘れていたことに気づき、その責任を逃れるために生徒をよそおって「遠足を中止にしなければ自殺する」という手紙を送りつけた事件です。

学校はすぐに生徒の安否を確認し、遠足の実施を決めましたが、当日バスが来なかったことで手配ミスが発覚。この社員の自作自演も明らかになり、逮捕されたのです。

なぜ、この社員はミスに気づいた時点で上司に相談できなかったのでしょうか。

この件では、社内のチェック体制や、職場の風通しを疑問視する声も上がっていて、個人の問題で片づけられないのは承知していますし、私はこの社員とは面識がないので彼の心理を一概には言うことができません。

ですから、あくまでも私の想像となりますが、この社員は「ミスをするなどあってはならない」と強く思いすぎていたのではないでしょうか。

もちろん、ミスをするのはほめられたことではありません。取引先にも迷惑をかけてしまいます。

ですが、「自分は大きなミスをしてしまった」と素直に認め、開き直って対応策を講じていればよかったのです。そうすれば、別の人が代替バスを手配してくれたり、あるいは電車で行けるように高校側が行き先を変更したり、解決法が見つかったかもしれないのです。

少なくとも、警察沙汰になるようなことはなかったでしょう。

人に話すだけで、自分だけの問題ではなくなる

「間違ってはいけない」「失敗してはいけない」と思えば思うほど、パニックに陥って冷静な判断ができなくなり、本来の「正しさ」からはほど遠い方策をとってしまいがちです。

結果的に、それが事態を大きく悪化させることにつながってしまうのです。

ミスは「正しいこと」ではありませんが、「間違ってはいけない」「失敗してはいけない」と思い込みすぎるあまりに、それより本質的な「正しいこと」から逃れてしまうのは、本末転倒と言えるでしょう。

このタイプの人に必要なのは、まず「間違ってしまった」「失敗してしまった」と認めることです。

もっとも簡単な認め方は、間違いや失敗を人に伝えることです。

取引先を怒らせてしまったら、「取引先の人を怒らせてしまいました」と上司に報告します。プレゼンに必要な資料を忘れたら、相手に「忘れました。すみません」と言います。

人は、言葉にして初めてその事実を認めることができる側面があります。その時点では、その後の展開や解決策は考えなくてもかまいません。まず、間違いや失敗を認めるのが第一です。じつはこれはリスクマネジメントの基本中の基本でもあるのです。

また、人に言うことには、別の効果もあります。

他人が助けてくれたり、あるいは「こうすればいいのでは」と、違う解決策を示してくれたりすることもあるのです。

問題に振りまわされて周囲が見えていない状態では、決して思い浮かばないような、しかし案外簡単な解決策は、意外と身近なところにあるものです。

3-8

正しいことを「正しい」と言い過ぎるのはNG

「君らの言っていることは正しいかもしれないけど、そんな言い方をされたら、相手が腹を立てて、逆に受け入れられなくなるよ」

精神科医になりたてのころ、患者さんの差別反対運動や解放運動にたずさわっていたときに、私たちが糾弾していた偉い先生から言われた言葉です。

この言葉を、今でも強烈に覚えています。

そのときに、「それもそうだ。いくら正しいことであっても、言い方は重要だ」と、いま思えば当然といえば当然のことに気づいたのです。

若い頃、こうした社会運動にたずさわったことはいい経験になりました。「正しさ」をふりかざすこと、押しつけることの悪い面を学んだからです。

もちろん、「差別反対」「患者さんにも権利を」というのは「正しいこと」です。こうした運動は、社会にとって大切なことではあります。

ですが、正論であっても、言い方ややり方があるのです。それを考えなければ、いたずらに相手を傷つけたり、怒らせたりすることがあるのです。

「正しい」からといってストレートに「正しい」と言い過ぎないことが重要ではないでしょうか。

生きやすい世の中にするためにできること

では、「悪い」ことであれば、いくらでも「悪い」と言ってよいのでしょうか。それも考えものです。

「悪いものを悪いと指摘することの、どこがいけないのか」と思われるかもしれません。しかし、人間社会はそう単純ではありません。

たとえば、現在、生活保護を受けている人に対するバッシングには激しいものがあります。近年、不正受給がクローズアップされていることも大いに関係しているのでしょう。

正義感から「悪事を働いて、人の税金を奪うなんて許せない」と憤っている人もいるはずです。もちろん、不正受給は褒められたものではありませんが、通常の生活保護は法律に基づいて適切に支給されるものです。

ただ、生活保護に限らず、どんな制度でもそれを悪用する人はいます。また、悪用する人がいるからといって、制度自体が「悪」なのかというと、そうではありません。不正受給をする人は全体から見ればほんのひと握りであり、本当に支援を必要としている人がほとんどです。にもかかわらず、あまりにもバッシングが強くなり過ぎたことで、生活保護受給者が非常に肩身の狭い思いをしているというケースもあります。

「事情があって困窮しているのだから、しかたないじゃないか」と開き直ればよいのですが、すべての受給者がそうできるとは限りません。むしろ、「世の中に申し訳ない」と思いながら暮らしている人もたくさんいるはずです。

生活保護受給者の自殺率は、全国の自殺率に比べると極めて高く、とくに若年層では数倍になるというデータがあります。もちろん、もともと精神疾患を患《わずら》っていたり、生活苦による絶望からの自殺も考えられますが、世間の風当たりの強さに追い打ちをかけられているであろうことは否めません。

とりわけ若年層の自殺率が高いのは、「同年代の友人は元気で働いているのに……」という引け目があるからとも考えられます。

生活保護を打ち切られた人が自殺したり、周囲に困窮を打ち明けられずに一家心中を図ったりするなど悲しいニュースが報じられることが増えています。

こうした世の中は、果たして「生きやすい」といえるでしょうか。

もしかしたら、今日元気に働いているあなたも、明日は不慮の事故や病気などで働けなくなるかもしれません。

「明日は我が身」「お互いさま」の精神が、いつの日かあなた自身を救うことにもなるのです。

第4章

「一喜一憂する」から解放される

4-1

〝生きがい〟なんて無理に探さなくていい

精神科医の仕事をしていて、患者さんからよく聞く言葉が「生きがいがない」です。そんなとき私は「一喜一憂せず、もっと気長に生きましょう」と声をかけます。

生きがいがないのは不幸、という考え方をしてしまうと、生きがいを手にすることだけにこだわってしまい、それがうまくいかないと不幸になってしまいます。

何のための生きがい探しかといえば、幸せになるためですね。

生きがい探しよりも大事なのは幸せになることだ、といういちばん肝心なことを忘れがちです。

だからもっと気楽に生きてください。

目先のことばかりに一喜一憂して焦ってしまうと、本来の目標を見失ってしまうという例は、ほかにもあります。

たとえば、自分の子どもにはいい大学に入ってもらいたい。そのためにはまず、いい中学に入学させようと考える親は多いと思います。

「うちの子は能力があるんだから、きっとついていけるはずだ」

そう考えて性急に結果を出そうとします。

たとえば、小学校のうちから塾に通わせて勉強漬けの毎日を送らせます。ところが子どもは思うように成績が上がらず、親の期待がだんだん重荷になって勉強が嫌いになってしまいます。

どんなに能力のある子どもでも、勉強嫌いになってしまったら成績が下がります。中学受験に失敗すれば子どもは自信を失い、ますます勉強が嫌いになります。

これではいい大学などとても望めません。

目先のことに一喜一憂せずに気長に

でも、私立の学校に落ちても、公立の中学や高校から志望校を見定めてじっくりと勉強に取り組み、ちゃんと第一志望の大学に合格する子はいくらでもいます。最初のうちは成績が悪くても、友人に恵まれたり勉強法を自分で考えたりして、グングンと成績を伸ばす子も珍しくありません。中学受験の失敗など、あとからいくらでも取り返すことができるのです。

そういう子やその子の親は、本当の目標を見失うことなく、目先のことに一喜一憂せずに気長にやってきたことになります。子どものほうも、必要以上に焦ることもなかったし、伸び伸びと中学・高校生活を過ごしたことでしょう。

目先のことばかりに焦ってしまうと、本来の目標を見失うだけでなく、今を幸せに生きることができなくなります。本章では、一喜一憂するのをやめる思考についてお話ししましょう。

4-2

健康診断の結果に一喜一憂するのをやめる

健康診断では、たとえば血圧が高いとか、コレステロールや血糖値が高いといった結果が数値とともに出てきます。とくに高齢者といわれる世代の方々は、数値が悪いと「まずいな」と思うでしょう。

「もう70代なんだから、いつ脳梗塞とか心筋梗塞とか、そういう大きな病気にかからないとも限らない。この血圧の高さは危険なサインなのだろう……」などと不安になれば、まず「血圧を下げなくちゃ」と考えます。

ただ数値を下げるだけなら、降圧剤のような薬を飲めば下がります。

「標準値に戻ったな、これでひと安心だ」と、たいていの人はホッとします。

控えていたお酒や脂っこい料理を復活させたり、毎朝続けていたウォーキングを怠けたりします。

するとと次の健診でまた引っかかります。

「ダメだな、やはり決めたことは実行しないと……」

猛反省して自分を戒めます。

でも、数値に異常がなければ大いに安心します。

「ふう、よかった。これでもう大丈夫だ」と晴れ晴れした気分になり、大きな病気の不安はどこかに消えてしまいます。

なぜ安心したはずの人が突然倒れてしまうのか

ところが、安心したはずの人が、突然の脳梗塞や心筋梗塞で倒れてしまうことが、しばしば起こるのです。

「あんなに注意していたのに」「もう数値は下がったはずなのに」などと本人も周囲も首をかしげます。

「いったい何のための検査だったんだ」と腹を立てる人もいます。

どうしてこういうことが起こるかわかりますか？

健診のたびに数値の上がり下がりに一喜一憂して、本質的なところを見逃しているからです。

たとえば、血圧が高いというのはどういう意味なのか、そこにどんな危険が潜んでいるのかという疑問が頭から抜け落ちているのです。

なんとなくこの数値が高いのはいけないと、テレビや雑誌などの情報から漠然と思っているだけではありませんか？　大切なのは目先の数値ではなく、支障なく日常生活を送れているかどうかです。

私は、こういうケースは意外と多いと思っています。

4-3

60歳を過ぎたら「スピード感」なんていらない

近ごろよく耳にする言葉に「スピード感」というのがあります。組織はもちろん、業務の流れや実行にまず要求されるのが「スピード感」です。素早い判断と対応がなければ、世の中の変化や要求に応えることができないからでしょう。

そのせいかどうか、早いのはいいこと、遅いのは悪いことというイメージが世の中には定着しつつあります。それを一人ひとりの人間に当てはめたら、どうなるでしょうか。

「できる人にはスピード感がある」
「できない人にはスピード感がない」

すると今度は、万事に早めの準備や実行、あるいは計画や達成が大事なような気がしてきます。たとえば、自分の夢や願望を実現させるときでも、「そのうちに」とか

「いつか」ではなく、「1年後」とか「明日から準備にかかろう」と決心するようなことです。

「そのうちゃいつかでは、結局、何もしないまま時間だけが過ぎてゆく。本気で実現をめざすなら早め早めのスケジュールにしないといけない」

そう考えるのがスピード感のある人です。

できる人は、そうでなければいけないのでしょうか。どこかピリピリしていませんか？

大事なのは幸せに生きられるか

一方、「そのうちなんとかなるだろう」などとのんきに、気長に構える人には、はっきり言ってあまりできる人というイメージはありません。のんびりゆったりしています。

あなたがどちらのタイプかわかりませんが、**大事なのはどちらが幸せに生きられる**

かということです。

もし、もともとのんびりした性格の人なら、スピード感に惑わされてピリピリしてもそれほど意味がないし、逆に疲れたり自信をなくしたりするだけかもしれません。

あるいは、もともとスピード感の備わった人でも、「ちょっと疲れたな」とか「イライラが溜まってきたな」と感じるようなら、本当はのんびりタイプなのかもしれません。世の中のスピード感に惑わされて、「急がないと」と言い聞かせているだけかもしれません。

「なんだか最近、追い立てられるように暮らしているな。以前はもっとゆったり暮らしていたのに……」

そう感じているあなたには、私からこうアドバイスさせてもらいます。

世間のペースに巻き込まれることはありません。もうちょっと気長に生きてみませんか。

4-4

イライラは〝心の導火線〟自分のリズムを守る

一人ひとりの人間にはその人のリズムや人生観があります。もちろん、あなたにもあるし、相手にもあります。たとえ、**世の中がどれだけスピード感を称賛しようとも、それに惑わされることなく、「自分のリズム」を守ることが大事**です。

「なんだか毎日がせわしなくて疲れるな」と感じるようなときは、自分のリズムが乱れている可能性があります。必要以上に「早く早く」と自分を追い立てているのかもしれません。

イライラは、あなたに何をもたらすのでしょう。

気持ちがどんなに焦っても、現実は何も変わりません。自分だけがただイラついて、周囲に腹を立てることになります。

つまらないことで他人や身近な人に当たり散らしたりもしますから、人間関係だって悪くなります。

まだあります。

些細なことでイライラする人は、たとえば誰かと食事をしたりお茶を飲んだりするようなリラックスできる時間を、のんびり楽しむことができません。

日常生活のありふれた時間をくつろいで過ごせないということは、それだけ生活全般に余裕がなくなってしまうということです。

焦らずゆっくりじっくり〝いま〟を楽しむ

ましてや、ある程度の年齢に達してしまうと、効率や成果を求める必要はなくなるのですから、大切なのは日々の暮らしを楽しんだり、誰かと過ごす時間をいい時間にしたりすることになってきます。

そういうときは、気長に構えるだけで心は落ち着くし、言葉のやりとりも穏やかになってきます。

目の前においしそうな料理があればゆっくりと味わうことができるし、きれいな風景が広がっていればそれを楽しむことができる。相手の言葉にじっくり耳を傾けることもできます。

つまり、**老いてきたら、〝いま〟を大切にしましょう**ということです。

それによって、残された人生に限りがあったとしても、中身は幸せに満たされていきます。それだけいい思いがたくさんできていきます。これはどんな人生にも、大事なことではないでしょうか。

4-5

気長な人にこそ、周囲は心を開いてくれる

毎日のように同じコースを散歩していても、季節の変化や周辺の様子の変化に気がつく人と、気がつかない人がいます。

この両者はどう違うのでしょう。

気長に散歩しているか、性急な気持ちで歩いているかの違いでしょう。

じつはこれは、散歩にだけ言えることではありません。

たとえば、誰かと向き合っているときでも、気長な人は相手の小さな変化に気がつきます。

「あら、ヘアスタイル変えたのね」

「今日は何かいいことあった？」

そんな言葉をかけてくる人が気長な人です。

逆にまったく気がついてくれない人もいます。とくに女性の方はしばしば経験していることだと思います。

上司にもいるでしょう。

部下と向き合っているときに、「何か仕事上の悩みでもあるのかな」とか、「ちょっと顔色が悪いけど、疲れが溜まっているんじゃないか」といった声をかけてくる上司です。

かと思うと、部下の表情などいっさい気にせず、「まだなのか」とか「そろそろピッチを上げてくれ」と成果だけを要求する上司もいます。

同じ人間の印象が人によってまったく異なる理由

気長な人は、目の前の相手を落ち着いて、穏やかな気持ちで眺めることができます。「**俯瞰《ふかん》できている**」と言ってもいいでしょう。どうしてそうできるかというと、**性急に答えを求めない人は、相手と向き合っている時間を大切にしようという気持ちがあるから**です。

「ゆっくり話してお互いに納得できる答えを出そう」という気持ちが強いのです。ですから、「ここであわててもしょうがない」という考え方をします。

そういう気持ちは、向き合っている相手にも伝わります。ちゃんと自分を見てくれていることに気がつきますから、「この人には素直に話そう」という気持ちが自然と生まれてきます。すると、警戒心や虚勢が消えて、ありのままの自分で向き合うことができるようになります。

性急な人はしばしば、他人を評して「強情だ」とか「わがままだ」といった批判的な印象を語ります。

気長な人は逆で、「いや、彼は案外、素直だよ」とか「協調性もけっこうあるよ」といった好意的な印象を語ります。

同じ人間の印象が人によってまったく異なることはしばしばありますが、その背景にはその人が性急な人か気長な人かという違いも関係していると思います。

気長に生きる人には、周囲も心を開いてくれることが多いのです。

4-6

一喜一憂しなくなる簡単な方法は「催促」をやめること

一喜一憂せずに気長に生きるための簡単な方法があります。

それが何だかわかりますか？

考え方とか生き方ではなくひとつの単純な行動ルールですから、誰でも簡単に試してみることができます。

「催促しない」

たったこれだけです。

誰かに何かを頼んだとき、一つの作業や仕事を手分けして実行しているとき、順番を待っているときなど、相手やパートナーの流れが滞ると、私たちはつい、催促してしまいます。


「まだなの!?」

「早くしてくれ」

「何をもたもたしているんだ」

ときには声を荒らげたり、何度も様子を見に行ったり、足踏みしたり舌打ちしたり、イライラしている様子を伝えようとします。

これをやめましょう。

とにかく催促しないことです。

これぱかりは気長にならないとできません。

「催促しない」と何が変わるのか

「それじゃあ、ますます遅れてしまう」

「相手も遅れに気がつかないから、いつまで経ってもそのままになる」

「そんなの、急いだこっちが損をするだけだ」

たぶん、そんな考えがすぐに頭に浮かんでくるでしょう。

「言葉にすると簡単だけど、現実にはできると思えない」

でも、何かをしようというのではありません。「催促しない」という「しない」行動ルールですから今日からすぐに試してみることができます。

いままでならついやってしまった催促を、思い留まればいいのです。

では、それでどうなるのか？

その答えは次項でお話ししましょう。

4-7

催促をやめるとかえって物事は進んでいく

あなたがもし、「催促しない」を実行したら、どうなるのでしょうか。

まずほとんどのイライラが消えます。ふだん感じるイライラ感は相手や周囲の遅れや遅さが原因ですから、それを受け入れる、あるいはそれに合わせると決めてしまえば、**「まあ、何とかなるでしょ」とか「私ひとりが焦ってどうなるものでもないから」といった、一種の達観が生まれます。**

こういったことは、海外を訪ねるとしばしば経験します。鉄道もバスもいつ来るのかわからない、でも周囲の人たちはとくにイライラもしないでのんびり待っています。日本でも同じで、ふだんスピード優先の中で暮らしている人が、地方に転勤すると、そののんびりペースに戸惑います。歩き方ものんびりなら、車ものんびり走っています。

仕事ものんびりしたやり取りです。

「効率悪いな」とか「生産性が上がらないな」と思ったところで、それでなんとなくうまくいっているのですから、今さら変える必要もないような気がしてきます。

「人数が多すぎるのでは」

「こんなの本社ではひとりで回している仕事だぞ」

などと思ったところで、支社は支社で、きめ細かい対応が喜ばれていたりします。

焦っているのはあなただけ

そういったときに、もしイライラすればどうなるのでしょうか。

何も変わりません。あなた一人がどんなにイライラしたところで、周囲ののんびりペースは変わりません。そしていつもと同じように物事は進んでいきます。とくに困ることもないし、不都合も生まれないのです。


つまり、**焦っているあなただけが一人でイライラし、不幸になっています。**

催促しなくても、物事は何事もなく進んでいくし、幸福感も失わないですむのです。

4-8

一喜一憂をやめると本当にやりたいことが見えてくる

気長に生きるということは、目先の願望に振りまわされずに自分の本当の願望に目を向ける生き方でもあります。これは、ある年代以降の人にとっては大事なことではないでしょうか。

では、その年代とは？

50代、60代前半までは、ほとんどの男性も女性も、自分の願望にまっすぐ目を向けることはありません。子育てや仕事、自分の生活のことで精一杯だからです。10代のころにどんなに憧れた世界があったとしても、社会に出るとそう思うようにはいきません。むしろだんだん好きな世界から目を逸らすようになります。「今はそれどころじゃない」「しばらく夢は封印しないと」などと考えてしまうからです。

人生のピークを後ろに持っていく気持ちで

あなたは今、おいくつですか？

もし60代後半か70代なら、そろそろいいのではないでしょうか。**今までやりたいことから目を逸らしてきたのですから、これからはまっすぐに見据えていい**はずです。

「でも、今からでは……」

と考えると、ため息が出るかもしれません。

「もっと若いときから動けばよかったんだ」

と考えると、後悔ばかり浮かんでくるかもしれません。たぶん、そうなってしまう人が多いと思います。

だからこそ、今よりもっと気長になっていいのです。

人生のピークを後ろに持っていく気持ちになれば、まだまだ楽しめるはずです。そうこうしているうちに「枯れてしまうわけにはいかない」という新しい希望も生まれてくるはずです。

そうなると、焦りも消えて、幸せな毎日が始まることでしょう。

第5章

「いい人」を
やめる

5-1

「いい人」をやめるなら「断る」からはじめよう

ついつい、いい顔をしてしまうことに悩んでいる人の中には、自分のことを「気が弱い」と思っている人が多いのではないでしょうか。

たしかに、気が弱そうな人は、貧乏クジを引くことが多いかもしれません。

・頼まれると嫌と言えない。
・自分の意見を強く主張できない。
・何か角が立ちそうなときは、いつも自分が引いてしまう。

これらに身に覚えのある人も多いでしょう。

残念ながらこの世の中は、気が弱い人ほど世間からさまざまなことを押しつけられるようになっています。世間の人たちは、気が弱い人を上手に嗅ぎ分けて頼みごとをしてくるのです。

たとえば、締め切り直前まで放置されていた仕事。もう誰かに手伝ってもらわないと、締め切りに間に合わない！　こういう状況で頼まれれば、ふつうなら「えー、急に言われても……」とか「どうして放置していたのですか⁉」などと嫌みのひとつでも返すところです。

ところが気の弱い人は「いいですよ。一人じゃ大変ですもんね」などと、文句も言わないで優しく手伝ってくれたりします。


あるいはお茶くみや掃除、プリンターのトナー換えやシュレッダーのゴミ捨て。気の弱い人は自分が忙しいときにそうしたことを頼まれても、嫌な顔をせずに「はい、わかりました」と気前よくやってしまうのです。

そうこうしているうちに、いつの間にか気の弱い人がやるのが当たり前という空気ができてしまいます。

つまりはお人よしなのです。


このようにして断れないでいると、しまいには「人がみな怖い」という**社交不安障害（SAD）**になってしまうこともあります。そうならないまでも、なんとなく人と会うのが億劫になってくるものです。

そうならないために、ここはひとつ「断り方」を身につけたいところです。

断ることの怖さは、断ることでしか克服できない

とはいっても、いきなり「やりたくありません！」などと意を決したように強く断ると、さすがに角が立つし、あなたを取り巻く周囲の空気も悪くなります。

ではどうしたらいいのでしょうか。


「方便」というものを使ってみましょう。

これまでずっと頼み事を聞いてきた相手なら、「今日はどうしても時間がないんです」「すみません、急ぎの用事があって」などと言えば、たいていの人は「ああ、本当に時間がないのだな」と思います。たとえウソであっても、見抜かれることはほとんどありません。

いつも相手の要求を断る人だと、「時間がないと言っているけど、要するにやりたくないんだな」と勘繰られますが、これまで頼みごとを聞いてきた〝実績〟があるあなたの言うことですから、方便であっても信じてもらいやすいのです。

いままでの気の弱さが幸いして、かえって断りやすい状況になっているのです。

これまで断ることができなかった人は、断ることに対して多少の怖さを抱えています。断ること自体、何か相手を否定するような、相手にケンカを売るような気がしてしまうのです。

そんな場合のいちばんの薬は、試しに「断ってみる」ということです。**断ることの怖さは、断ってみることでしか克服できません。**

必要なのは、事前に方便（言い訳）のセリフを用意しておくことだけ。

ちょっとすまなそうな顔をして、「手伝いたいのですけど、どうしても外せない用事がありまして……」などと言えばいいのです。

その瞬間、あなたは断るのは案外たいしたことではないと実感するでしょう。

5-2

〝忙しいアピール〟は大いにしてよし

頼まれごとを断る――。

前項はいってみれば、その場しのぎの応急処置です。でも、毎回、応急処置的な対応では、相手に心の内がバレてしまうこともあるでしょう。

そうならないために、もうひとつ戦略を用意しておきたいところです。

それは何だと思いますか？

そもそも頼まれごとをされない状況をつくり出しておくということです。

実際のところ、あなたがいろいろな人から頼まれごとを受けていても、そんな状況を把握している人は少ないはずです。

一人からコピーを頼まれただけなら、ものの5分ですみますが、その数が10人ともなれば50分もかかってしまいます。

けれども頼んでいるほうは、その状況をわかっていません。自分が頼んでいるのはあくまでもたった5分ですむ仕事。だから「このくらい平気だろう」と思っています。

忙しさはアピールしないと伝わらない

そんな〝誤解〟を解くためにも、ことさら忙しくて大変であることをアピールしてみましょう。

忙しく手を動かしてみたり、余裕のない表情をしてみたり。電話で誰かに「大変多忙でして……」と伝えて、それを周囲に理解してもらうという手もあるでしょう。

あえて自分から「今日はこんなに仕事を頼まれちゃって……。どうしよう、誰か手伝ってくれないかな」などと訴えてみるのもいいでしょう。

そうすることで、「そうか、今日は○○さんは手いっぱいなのだな」と、周囲は、頼もうとした仕事を引っこめてくれるでしょう。

自分が「あれもこれも頼まれちゃって」という状況にあるのは、アピールしないとわかってもらえません。みんな人のことなど、それほど見てはいないのです。

5-3

あなた本来？の「いい人キャラ」には利用価値がある

「いい顔をするのをやめましょう」と言うと、強気にはっきりと断れるようにならなければならない、と誤解する人もいるかもしれませんが、私はあくまでも、あなたの持ち前の「いい人キャラ」は最大限利用すべきだと思っています。

前項でも言いましたが、これまで「いい人」だと思われているからこそ、少々断ったところで、「今日は○○さん、本当に忙しいのだな」と善意に解釈してもらえるのです。仮にそれがウソの忙しさであっても、本当だと信じてもらえるのです。これを利用しない手はありません。

いきなりキレて「雑用はいつも私ね！」とか「当番といいながら、オレにばかりやらせて！」などと啖呵《たんか》を切ったところで、何も得なことはありません。「つきあいにくい人だな」と思われて、かえって職場やコミュニティに居づらくなるだけです。これまでの努力や我慢がパーになってしまいます。

そうやって撥《は》ねつけるよりは、泣きを入れたり、悪気がないように**上手に「いい人キャラ」を装っていたほうが、あとあとトク**なのです。

不満を押し殺して引き受けるから舐められる

実際のところ、これまで「いい人」だった人が、いきなり意見をはっきりと言える強面《こわもて》の人間になるというのは難しいものです。

よほど実力のある人なら、はっきりと「NO！」を突きつけてもやっていけるでしょうが、そうでない人は多少面倒でも、上手に立ち回ることを考えたほうがいいでしょう。

少なくとも、一度でも上手に断ることができたら、気持ちに余裕が生じます。それまで感じていた「嫌なことでも断れない」という恐怖がなくなるからです。すると、少しばかり雑用を頼まれても、「これくらいやってあげてもいいかな」と、不満もあまり感じなくなるでしょう。

何事もバランスが大事なのです。

引き受けるなら全部引き受ける、断るなら全部断るというように二者択一で考える必要はありません。

できそうな仕事は引き受け、無理なときにはきちんと断る。なんでも引き受けるから舐められるのではなく、**無理なときでも不満を押し殺して引き受けるから舐められる**のです。

忙しいときには「私は忙しいです」と言うことで、舐められない状況をつくり出せばいいだけのことです。

5-4

「いい人」をやめるのは一度だけでも効果あり

たとえ体調が悪かったり、仕事で忙しかったりしても、何か頼まれ事があると、ついついいい顔をしてしまって断れないという人は少なくないでしょう。

もちろん、余計な波風を立てる必要はないし、いい顔をしている限り嫌われるリスクは減ります。

ただ、それがあまりに毎度のことになってしまうと、精神的なストレスになってくるし、周りからも断らない人ということで、感謝されるというより軽く見られてしまうことも多いでしょう。

じつは私自身、文章ではけっこう強気な物言いをするので、言いたいことを言える人と思われがちですが、日常生活ではついつい「いい顔」をしてしまいます。いくつかの職場をかけもちしていますが、どこも週に1回か2回なので、毎日働いている人に迷惑をかけないようにと、つい気を遣ってしまうこともあります。

ただ、最近はそれでいいと思えるようになってきました。

それなりに知名度があったり、あるいは書きものでは強面なのに、会ってみると気の弱い人というキャラクターは、意外に得なことが多いとわかったからです。

それ以上に重要な発見は、**いったん「いい人」と思われてしまえば、たまに断っても、言いたいことを言っても、波風が立ちにくい**ということです。

たった一度だけ、試しに断ってみるのも悪くない

世の中には、「いい人をやめろ」という類の話は多いし、その手の本が何冊もベストセラーになっています。この章のタイトルを見るとそんなふうに思われるだろうし、実際に精神科の患者さんの治療をしていると、気を遣い過ぎる人に「いい人をやめてみては？」とアドバイスをすること自体は珍しい話ではありません。

でも、私が本当に言いたいことは、「つい」いい顔をすることや、「いつも」いい顔をすることをやめようということで、いい顔をすること自体をやめようという話ではありません。

たった一度だけ、試しに断ってみる。

たった一度だけ、相手に合わせるのをやめてみる。


そこからいろいろと見えてくることもあるし、ずっと楽になることもあるのです。

私たちが「いい人をやめよう」という言い方をするのは、どこかしら他人のことが怖い人や、いい人でないといけないと思い込んでいる人は、それくらいの言い方をしてちょうどいいからで、本当にそこから強面になったり悪人になったりする人など、まずいないということを知っているからです。


でも、そう言われても困るし、どうしていいかわからないという気持ちもよくわかります。

だから実際に、いい人を試しにちょっとだけやめる、いい顔をするのをやめるにはどうしたらいいかを、できるだけ具体的に書いているのです。

5-5

誰からも好かれようなどと思わない

空気が読めない人は「ＫＹ」などと言われたりします。ＫＹと見なされると周りから嫌われると考えられていて、とくにいまの若い人たちは、「空気読めよ」「ＫＹか」と言われないように非常に気を遣っているように見えます。

あなたはＫＹと見なされることを、どう感じているでしょうか？　「そんなの、どうってことない」と思うならいいのですが、なかには「ＫＹにだけはなりたくない」という人もいるようです。これはＫＹを怖がり、引きずった状態といっていいでしょう。

ＫＹを怖がりすぎると、すべてみんなの意見に合わせようとします。また、嫌われることを恐れて、自分の意見を言うことができなくなります。

しかし、考えてみてください。

好みや意見などは人と合わなくて当然です。全員の好みや意見がすべて一致することのほうが不自然というものでしょう。

それに、すべての人に好かれるということもあり得ません。理由はなくても気に食わない、相性が悪い人がいるというのはふつうのことです。**誰からも好かれようなどと思わずに、「嫌われるのはしかたないこと」くらいに思っておくほうが楽**ではありませんか。

KYなんて気にすることはない

そもそもKYというレッテルを貼られて、どれほどの損害があるのでしょうか。

たしかに日本では和を乱すことを避ける傾向がありますから、一人だけ違う意見を言う人間をくさすことがあるのは事実です。


しかし、毎回毎回、反対意見を述べるならともかく、自分はこう考える、こちらの案のほうがいいと思うという態度を表明するのは、決して悪いことではありません。

むしろ「違うんじゃないか」と内心思いながら、周りに流されて異を唱えないことのほうが問題です。

これからは好むと好まざるとにかかわらず、国際化して仕事や私生活でも、外国人と接する機会が増えてくるでしょう。

そういうときに、迎合ばかりしていたのでは交渉になりません。相手にもバカにされてしまいます。自分の考えをしっかり主張できる人間が尊敬されるのです。

KYなんて、気にせずにいきましょう。

5-6

人の話を聞くときは「いい人」に戻ろう

「人を見たら泥棒と思え」と考えるような疑り深い人と、人の話はとりあえず信用しようという人とでは、どちらが詐欺に遭いやすいか（騙されやすいか）、ということを調べた、社会心理学の山岸俊男先生（1948―2018年）が紹介している実験があります。

ふつうに考えると、なんでも信用するようなお人よしよりも、疑ってかかる人のほうが、詐欺に引っかかりにくいと思うでしょう。

じつはそうではなく、後者のほうが騙されやすいのです。

疑り深い人は、みんなを疑ってかかるので、誰も彼も怪しく見えてしまいます。そのため、詐欺師の話を聞いても「ちょっとおかしいな」とかえって気づくことができないというのです。

また、疑り深い人は、あるところまで信用したら、そこからはすっかり相手を信じ切ってしまう傾向があるそうです。そして、逆に疑うことをしなくなってしまいます。

ところが、人の話はまず信用しておこうと思っている人は、話を聞いていて「ちょっとおかしいな」ということに敏感に反応するのだそうです。

つまり、**人を信用しようとしている人のほうが、相手のことをよく観察しているの**です。そして意外かもしれませんが、そういう人のほうが、大きく騙されることは少ないのです。

お人よしこそ人を見極めることができる

実際、世の中には詐欺を働くなど騙す人のほうが少ないのですから、例外に気づくほうが簡単です。

つまり、詐欺や騙す人のほうが例外だというスタンスでいると気づきやすいのです。お人よしほど騙されやすいどころか、お人よしの人こそ、余裕を持って人を見極めることができるのです。一見すると平凡な世の中ですが、「じつは意外性に満ちている」と言ってもいいのかもしれませんね。

終　章

「楽に、雑に生きる」をはじめてみる

1

楽に生きている人のほうが免疫力は高くなる

ストレスは私たちの心と体を傷つけます。

がんも含めたさまざまな病気がストレスと無関係ではないこと、ストレスだけが原因ではないにしても、ストレスの有無が大きくかかわっていることはほとんどの人が実感できると思います。

実際、ストレスが免疫力を低下させてさまざまな病気を起こしやすくすることは、現代の医学も認めています。簡単に言えば、**疲れていても頑張ってしまう人より、無理しないで楽に働いている人のほうが免疫力も高い**のです。

がんの治療でも、かつてはとにかく手術で全部切るとか、副作用もかまわず抗がん剤を投与するといった方法でしたが、今は切らずに治す、ピンスポットで放射線を当てるといった、患者にとってストレスの少ない方法を選ぶことも増えています。そのほうが患者も楽だし、結果として長く生きられるからです。

楽しい努力を続けているうちは免疫力は低下しない

受験勉強でもそれは同様で、受験生が勉強に不安を感じたり、成績が伸びないことに焦りを感じたりしながら、それでも「やるしかない」と自分を追い込むように努力を続けていると、試験の直前になってストレスで体調を崩してしまうことがあります。

逆に、自分の勉強法を信じることができる受験生なら、「さあ、今日ですべてが終わるんだ」と、ベストコンディションで試験当日を迎えることができます。つまり、楽しい努力を続けているうちは、免疫力が低下することはないのです。

ここで勘違いしてほしくないのですが、「楽な方法を考える」というのは、**「苦しい努力」ではなく「楽な努力」を選ぶということです。決して何もしないということではありません。**

楽な努力なら、続けることにストレスを感じません。しかも成果を実感できるので、心も体もどんどん元気になっていくのです。

2

楽な方法を探すのは私たちの本能

「こんな楽な方法があったのか!?」と気がついたときのうれしさは格別ですよね。どうしてそんな気持ちになるかというと、楽ができるなら、誰でも楽をしたいからです。

そのほうがうれしいのは言うまでもありません。

もうひとつ、うれしさの理由があります。

楽な方法を見つけた自分の能力に満足するからです。「私って頭いい!」と確認できたうれしさと言ってもいいでしょう。

たとえば、主婦（夫）はキッチンを自分が使いやすいようにレイアウトします。限られたスペースの中にフライパンや鍋、包丁といった調理道具や調味料、食器やボウルやふきんなどたくさんの小物類も含めて置き場所を決めます。

そのとき、「どうすれば料理が楽にできるか」ということを考えるはずです。体の動き、動作のしやすさ、調理道具の重さや使用頻度などいろいろなことを考えて配置を決め、不具合があればその都度移し替え、時間をかけて楽なキッチンを作っていくはずです。

そうして思い通りのキッチンができると、主婦（夫）は満足します。「贅沢言えばきりがないけど、ともかくここは私のお城」という満足感が生まれるのです。

楽な方法を考えるのは本来それが必要だから

調理道具も同様で、「こういうのがあったら欲しい」「こういうのがあれば便利だろうな」と思いつくと、とりあえず専門店やネットショップであれこれ探してみます。するると、「あれば便利だろうな」と思うもののほとんどが実際に売られていることに驚くでしょう。

そして、さっそく購入して使ってみると、やはり便利なのです。今まで手間のかかっていた作業がスイスイできてしまい、「なんて楽なんだろう」とご機嫌になります。これも自分の思いつきに満足するからです。

変えれば楽になること、あればもっと楽になるものを考えたり探したりするというのは、私たちに本来備わっている〝本能〟ともいうべきものなのです。今のままで我慢するとか、あるもので我慢するというのは、けっしてほめられたことではないのです。

3

いい加減でいられるのは、気持ちにゆとりがある証拠

ある女性が「眠れない」「疲れやすい」と医者に訴えたそうです。「食欲もない」「ドキドキする」と不安そうな表情でした。

医者はふだんの様子を尋ねながら診察し、さまざまな検査も行いましたが、これといった異常は見つかりません。仕事のストレスもあるようなので、あまり無理をしないようにアドバイスして「心配しなくても大丈夫ですよ」と女性に説明したそうです。

それでも女性の不安は消えないようで、普段から感じているちょっとした不調や不具合を繰り返し訴えます。

医者はうなずきながら話を聞くと、笑顔でひと言、「**もっと雑になりましょう**」と言ったそうです。

じつは、私にも同じような経験があります。というか、さまざまな悩みや不安を訴える患者さんと向き合うことの多い精神科医は、基本的に「もっと雑になりましょう」とか「いい加減でいいのですよ」といったスタンスを取ります。

たとえば、認知療法でも森田療法でも、「患者が笑うようになったらいい方向」だと考えますから、治療者はけっこうくだらない冗談を言います。ところが思い詰めている患者さんほど、そのジョークが通じません。真面目に受け止めてしまうのです。でも、治療を続けているうちに、「先生、またやっちゃいましたぁ」と患者さんが笑って言えるようになったら、だいぶ良くなっているなと判断します。どうしてそう判断するかというと、**物事の受け止め方が雑になってきたから**です。

自分に対する要求水準が高すぎる

認知療法や森田療法は、思い詰めやすい患者さんの考え方を幅広くするのが基本的な治療です。「それだけでしょうか」とか「こういうことも考えられませんか」と、いろいろな可能性に気がついてもらおうとするのですが、森田療法はとくに強迫的な人、たとえば手の汚れが気になって繰り返し洗い続けるような人の症状を改めるのに効果があります。

そのときに治療者が口にするのも、「いい加減になれればいいのにね」という言葉です。もっと雑になっていいし、雑で大丈夫ですよと声をかけます。

ところが、患者さんの中には「私はいい加減ですよ」とか、「雑な人間ですよ」と答える人が意外と多いのです。

本人は、自分がまだまだいい加減で、雑な人間だと思い込んでいるのです。それだけ、自分に対する要求水準が高いということです。

4

もっと雑になったほうがいいのはこんな人

私は、「雑」の反対を「真面目」だと思っています。

もちろん、真面目は悪いことではありません。私自身、真面目な人が好きですし、応援したくなります。


でも同時に、真面目な人ほど悩んだり苦しんだりするのも事実です。「こうしなくちゃいけない」とか「こうでなければいけない」と思うことが多いので、真面目な人ほど生きづらさを感じてしまいます。

そういう人たちに「雑に生きなさい」と言っても、なかなか素直に受け入れてはもらえません。今の自分は雑だと思っている人が多いからです。だからもっとちゃんとしなくちゃいけないと考えてしまう人が多いのです。

真面目すぎるから生まれるあなたの悩み

そこでまず、あなたの悩みや苦しみが、真面目すぎることで生まれてくるのかもしれないと気づいてもらうための、簡単なヒントを3つだけ挙げてみます。

少しでも思い当たることがあったら、あなたは雑な人ではなく、むしろ真面目すぎるくらいの人なのだと考えてください。

①「負けちゃいけない」と思っていませんか？

②「やればできる」と信じていませんか？

③「今がすべて」と考えていませんか？

たったこれだけです。

あなたのふだんの考え方や行動が、もしこの3つのどれかに当てはまるとしたら、あなたは十分に真面目な人です。少しも雑ではありません。

ただ、一つひとつの思い込みがあまりに強いと、どんどん苦しい生き方になってしまいます。悩みや不安にもつかまりやすくなります。私が「もっと雑に生きなさい」と声をかけたいのは、そういう人なのです。

5

迷ったら
とりあえず
楽なほうを選ぶ

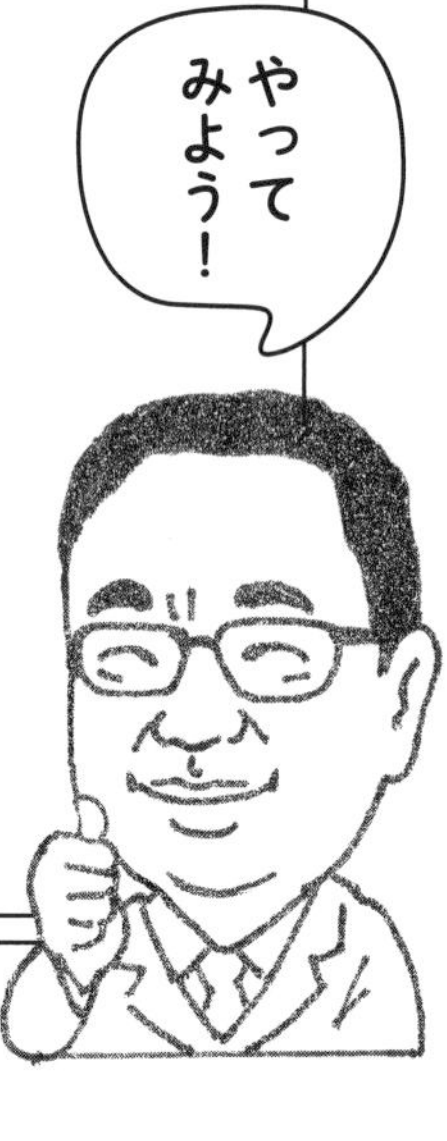

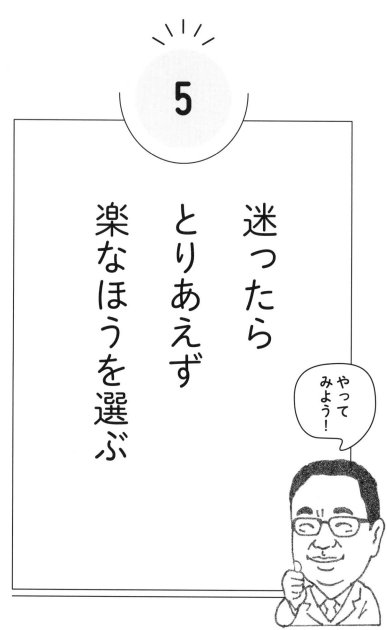

俳優の樹木希林さんは生前、自分の生き方を振り返って「**迷ったら楽なほうを選ぶ**」と答えていました。

シンプルな言葉ですが、希林さんだから言えることかなという気がします。

彼女の人生が楽だったかどうか、たぶんそうとは言い切れないと思いますが、あの笑顔や表情を思い出してみると、「そんなに頑張らないほうがいいよ」と言ってくれているような気がします。

この言葉、おそらくほとんどの人にとってはズシンとくるのではないでしょうか。「楽なほうを選ぶ」というのは、言われてみれば当たり前のこと、いつもやってきたことのように感じますが、今までの生き方を思い出してみると、わざわざ苦しい努力を選んだことも多かったと気づくからです。

今の自分に問われているのは、我慢すること、つらくても努力することだという思い込みにしばしばつかまってきたからです。

生き方の選択肢を広げてみる

私が「楽に生きましょう」と言うと、「そんなの理想論だ」とか「今、苦しいのに楽なんてできるわけがない」と思われる方も多いことでしょう。

「言いたいことはわかるけど、でもやっぱり苦しい努力だって大切なんだ」と自分に言い聞かせる人もいるかもしれません。

しかし、そういう方は、これからはあえて「楽なほう」を選んでみてはいかがですか。**「苦しいけれどそれを乗り越えれば」という発想ではなく、「こっちのほうが楽だから」と思う方向に切り替えてみてはいかが**でしょうか。

そうすることで結果はどうなると思いますか？

今よりずいぶんリラックスして生きることができると思います。

少なくとも、今よりも生き方の選択肢が広がることだけは、間違いないでしょう。

6

今より楽なやり方を探すクセをつける

同じ仕事や作業をする場合、いつものやり方、みんなと同じやり方で黙々と取り組むより、「何かいい方法がないかな」といつも考える人は、それだけ頭を使っていることになります。

「何かいい方法」の中には、じつは「これをやらないと、どうなるんだろう」と考えることも含まれています。

「仕事だからやるのが当たり前と思っていたけど、これを省いてもとくに困ることはないいんじゃないか」

もしそれが可能だとわかったら、いちばん楽な方法を見つけたことになります。

「やらない」のが、いちばん楽なのです。

たとえば、細かいデータや数字を完璧にそろえ、そのうえで推論を立てて実行に移すような場合、いちばん面倒な部分を省いて、いきなり推論から実行に移っても結果が出てしまうこともあります。

周囲は「偶然だ」とか「ただの手抜きだ」と非難するかもしれませんが、結果が出ているのですからそれ以上の文句は言えません。**じつは科学的な発見の中には直感的な推論から生まれてくるものが、案外多かったりする**のです。

あらゆる分野で「楽にできる方法」が実用化されている

これは極端な例だとしても、「この作業、誰かに任せてもいいんじゃないか」という程度の楽な方法ならしばしば思いつくはずです。調べてみたらスマホのアプリを活用するだけで簡単にできてしまったり、さまざまなサービスを提供しているウェブサイトが見つかったりします。受験勉強でも、苦手な科目が出題されない大学を選んで合格することはざらにあります。

とにかく今の時代は、ありとあらゆる分野で「楽にできる方法」が実用化されていますから、「まさかこんなことまで」という経験は少しも珍しくありません。要は探してみるかどうかの問題なのです。

それもすべて、「楽な方法」を考えることで可能になってきます。

「こうするしかない」と思い込んでいる仕事や作業も、ゼロから見直すつもりになれば、今より楽な方法がきっと見つかるはずだと気がついてください。

7

臆病なあなたへ
雑になる勇気を持とう

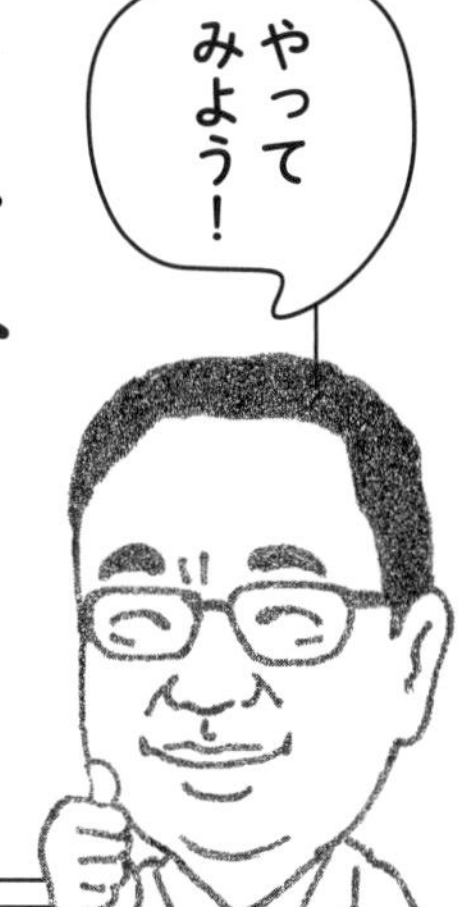

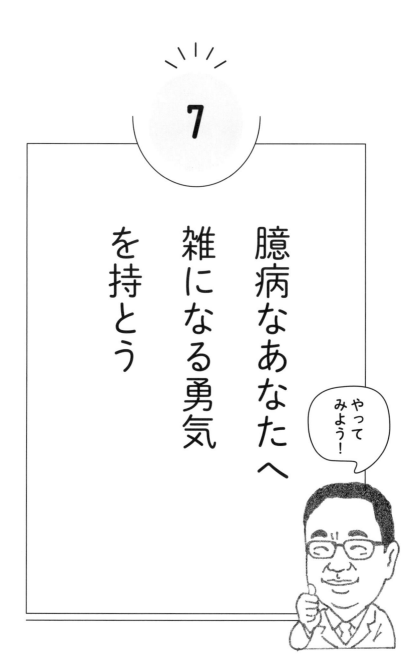

今の世の中は強いもの勝ち、言ったもの勝ちの世界になっています。

結果や効率優先の価値観も相変わらず幅を利かせています。

そういう世界で生き抜いていこうと思えば、スキを見せてはいけない、手を抜いてはいけないと考える人が増えるのも当然かもしれません。

ちょっとでも気をゆるめたり、弱さを見せたりすると、たちまち落ちこぼれてしまうような不安が、あなたにも私にもあります。

でもそれは、**誰よりもあなたが〝勝ち〟にこだわっているせい**かもしれません。

自分がそうだから周りもそうであるはずだと思い込んでいるだけかもしれません。

とにかく本当のところはわからないのです。

雑になれないあなたが雑になってみるというのは、そのわからないところに踏み出すということです。

つまり、いい加減は許されない、期待は裏切れない、私はできるはずだというすべての思い込みを、いったん全部放り投げてみるということです。

これは勇気がいることだと思います。

雑になれない人の特徴を挙げるなら、じつは臆病な人と言うこともできます。臆病だから手を抜けないし、負けちゃいけないと思ってしまうのです。

雑に生きるというのは強く生きるということ

その臆病の殻を破ろうと思ったら、「じゃあ、手を抜いてみるか」「じゃあ、ボロ負けしてみるか」と腹をくくるのがいちばんです。

それでどうなるのでしょうか。

まず、小さなことから試してみてください。仕事や自分のノルマ、他人との約束、職場の習慣、今までの意地やこだわり、どんなことでもいいです。「なんだ、こんなんでいいんだ」と、きっと気がつくはずです。そのとき初めて、もっと気楽に生きてみようという勇気が湧いてきます。

雑に生きるというのは、強く生きるということでもあります。それは決して、あなたがこれまでに築いてきた人生観とは矛盾しないはずです。

和田秀樹（わだ・ひでき）
1960年、大阪府生まれ。精神科医。東京大学医学部卒業。東京大学医学部附属病院精神神経科助手、米国カール・メニンガー精神医学校国際フェロー、高齢者専門の総合病院である浴風会病院の精神科を経て、現在、和田秀樹こころと体のクリニック院長。高齢者専門の精神科医として30年以上にわたり高齢者医療の現場に携わっている。
主な著書に『70代で死ぬ人、80代でも元気な人』（マガジンハウス）、『80歳の壁』（幻冬舎）、『70歳が老化の分かれ道』（詩想社）、『老いの品格』（PHP）、『逃げ上手は生き方上手』（実業之日本社）などがある。

参考文献（すべて自著）

＊『「感情的」にならない技術』（新講社）
＊『もうちょっと「楽」に生きてみないか』（新講社）
＊『もうちょっと「雑」に生きてみないか』（新講社）
＊『引きずらないコツ』（青春出版社）
＊『一喜一憂しない生き方』（三笠書房）
＊『ゆるく生きれば楽になる』（河出書房新社）
＊『ついつい「いい顔してしまう」をやめる9つの習慣』（大和書房）
＊『「こうあるべき」をやめなさい』（大和書房）
＊『不安にならない技術』（宝島社）
＊『「健康常識」という大嘘』（宝島社）
＊『「正しさ」にふりまわされないコツ』（朝日新聞出版）
＊『「感情の老化」を防ぐ本』（朝日新聞出版社）
＊『感情的にならない気持ちの整理術』（ディスカヴァー・トゥエンティワン）

ブックデザイン　沢田幸平（happeace）
イラスト　青木宣人
編集協力　寺口雅彦（文筆堂）
DTP　東京カラーフォト・プロセス株式会社
校正　株式会社東京出版サービスセンター
編集担当　池上直哉

60歳を過ぎたらやめるが勝ち
年をとるほどに幸せになる「しなくていい」暮らし

著　者　和田秀樹
編集人　栃丸秀俊
発行人　倉次辰男
発行所　株式会社主婦と生活社
〒104-8357　東京都中央区京橋3-5-7
Tel 03-5579-9611（編集部）
Tel 03-3563-5121（販売部）
Tel 03-3563-5125（生産部）
https://www.shufu.co.jp
製版所　東京カラーフォト・プロセス株式会社
印刷所　大日本印刷株式会社
製本所　小泉製本株式会社

ISBN978-4-391-16281-3